GERALDO CHACON

APRESENTAÇÃO DA LITERATURA PORTUGUESA E BRASILEIRA

BARROCO

EDITORA FLÂMULA

APRESENTAÇÃO DA LITERATURA PORTUGUESA E BRASILEIRA

BARROCO

SERMÃO DA SEXAGÉSIMA DE PADRE ANTÔNIO VIEIRA

e

POESIA DE GREGÓRIO DE MATOS

Apresentação, resumo, comentários e notas

de

Geraldo Chacon

EDITORA FLÂMULA

Taboão da Serra

1997

Revisão: Eva Barbosa
Fotolito de capa: Binho's
Fotolito do miolo: Editora Flâmula
Capa: Chacon

ISBN 85-86124-11-7

1997

Editora Flâmula Ltda
R. Antônio Pestana, 375
06756-010 - Taboão da Serra - SP
Telefax: (011) 7967-1192

SUMÁRIO

Apresentação

Este trabalho foi produzido a partir da solicitação de jovens estudantes que, ao tentarem estudar a oratória barroca do padre Antônio Vieira, encontraram grande dificuldade. Durante minha última viagem por Minas, passei por Santa Bárbara, São Gonçalo do Rio Abaixo, João Monlevade, Itabira e Belo Horizonte, ouvindo a mesma reclamação de vários jovens que estavam estudando aquele que foi o nosso maior orador.

Ao retornar a São Paulo, reli com prazer alguns textos do gênio da retórica e resolvi redigir esse trabalho para tentar auxiliar esses estudantes a compreender melhor e, tomara, a gostar do estilo desse que foi o maior escritor barroco em prosa. Escolhi o *Sermão da Sexagésima* porque trata da própria arte de pregar, explicitando, assim, as características individuais de Vieira e sua opção pela vertente conceptista e rejeição do estilo gongórico ou cultista.

Não obstante essa intenção inicial, tudo indica que essa humilde obra poderá ser utilizada no currículo escolar como material didático complementar. Por isso, resolvi incluir também o nosso maior poeta do século XVII, Gregório de Matos Guerra.

Alguns comentários serão inseridos em janelas no corpo do texto, chamando a atenção para aspectos relevantes. Observações sobre figuras de linguagem, vocabulário etc, poderão ser feitas também no rodapé e as palavras ou frases correspondentes receberão um número indicativo correspondente. No caso de explicação sobre vocabulário, a palavra comentada receberá um destaque em negrito.

Desejo ardentemente que esse trabalho possa ser útil aos estudantes e seus mestres e aguardo sugestões para futuras publicações.

Geraldo Chacon

BARROCO: O ESTILO DE ÉPOCA DE VIEIRA

Peter Paul Rubens, o realizador deste quadro, foi um dos mais exuberantes pintores barrocos. Nessa sua pintura, *O Levantamento da Cruz*, podemos notar tensão, movimento, dramaticidade, sinuosidade, complexidade e exagero. Esses são traços estéticos fundamentais da estética barroca.

Predominante no século XVII, vigorando em Portugal de 1580 a 1756 e no Brasil de 1601 a 1768, o Barroco costuma também ser denominado Seiscentismo. Metonimicamente é chamado por alguns de Gongorismo ou Cultismo, o que nem sempre é correto ou adequado.

I - CONTEXTO HISTÓRICO

O período barroco foi um dos mais conturbados, com uma Europa em crise, agitada por lutas religiosas e conflitos políticos.

De 1580 a 1640, Portugal perde autonomia e fica sob domínio espanhol, que só tem fim a partir de 1640, quando se inicia a Restauração, com D. João IV.

O século XVII sofreu uma forte influência do movimento contra-reformista, que consistiu num esforço conjunto e constante da Igreja Católica para forçar o homem pós-renascentista a retomar valores medievais, ameaçando-o sempre com o conceito de brevidade da vida e com o fogo do inferno.

A economia brasileira estava baseada na cultura da cana-de-açúcar e a Bahia era o centro cultural da colônia.

II - ORIGEM

O espírito barroco nasce na Espanha, mas a forma artística aparece por primeira vez na Itália.

III - DATA INICIAL

O Barroco tem seu marco inicial, em Portugal, em 1580, com a morte de Camões e início do domínio espanhol.

No Brasil, aceita-se por convenção o ano de 1601 como data inicial, tendo como referencial a publicação do poemeto épico *Prosopopéia*, de Bento Teixeira.

IV - CARACTERÍSTICAS

A arte barroca revela um sentimento de brevidade ou efemeridade da existência, desenvolvendo uma preocupação com o aproveitamento da vida que, ora pode ser resolvido com o desejo hedonista de gozo terreno, ora com o ascetismo de origem medieval, em que se faz presentes o sentimento de culpa, de pecado e o desejo ardente de redimir-se através da oração e da penitência. Tal atitude leva o homem, e, por conseqüência, o artista do século XVII a uma visão pessimista e desencantada da vida, assim como produz também um constante conflito entre o teocentrismo medieval e o antropocentrismo renascentista, que pode justificar bastante o emprego abusivo da antítese.

Ao contrário do Classicismo, que valorizava a concisão, o equilíbrio, o Barroco valoriza o luxo, o exagero e o detalhismo, assim como uma acentuada preferência pelas curvas, pelas formas retorcidas, que encontra correspondência na literatura no freqüente emprego de hipérbato, ou seja, a inversão dos termos da oração, a ordem indireta.

Encontramos ainda na arte seiscentista a religiosidade, marcada por um grande sentimento de pecado e busca do perdão; o desequilíbrio; o gosto pela metáfora e pelas repetições sistematizadas como **anáfora**[1], **anadiplose**[2] e **epizeuxe**[3]; atração pelo ornamentalismo.

---

1. Repetição de termo ou expressão no início dos versos ou das orações, no caso da prosa.
2. Consiste na repetição no começo de um verso do termo empregado no fim do verso anterior. No caso de prosa, é o emprego da última palavra de uma oração para iniciar a oração que lhe segue.
3. É a repetição de uma mesma palavra ou expressão no final do verso ou da oração.

V - AUTORES

A) PORTUGAL

1. FRANCISCO RODRIGUES LOBO nasceu em 1580 e faleceu em 1622. *Escreveu: Romanceiro* - Primeira e segunda parte dos romances (1596), *Églogas* (1605), *O Condestabre* (1610).

2. PADRE MANUEL BERNARDES nasceu em 1644 e faleceu em 1710. Escreveu: *Nova Floresta* (5 vols., publicados de 1706 a 1728), *Pão Partido em Pequeninos* (1694).

3. FRANCISCO MANUEL DE MELO nasceu em 1608 e faleceu em 1666. Escreveu: *Obras métricas* e *Auto do fidalgo aprendiz* (1665).

4. SÓROR MARANA ALCOFORADO, que teria nascido em 1640 e falecido em 1723 e teria escrito as famosas *Lettres portugaises traduites en français*, publicadas pela primeira vez em Paris, no ano de 1669. A versão portuguesa, realizada por Felinto Elísio, apareceu em 1810.

5. FREI LUÍS DE SOUSA, nome religioso de Manuel de Sousa Coutinho, que nasceu por volta de 1555 e faleceu em 1632. Escreveu *Vida de D. Frei Bartolomeu dos Mártires* (1619), *História de São Domingos* e *Anais de D. João III*, além de outras obras que se perderam para sempre.

B) BRASIL

1. GREGÓRIO DE MATOS GUERRA nasceu em 1633 e faleceu em 1696. Gregório foi o maior poeta barroco nascido na colônia, mas jamais publicou qualquer poema em vida. Sua obra foi preservada em cópias manuscritas. Pela sua veia satírica que a todos atacava, foi apelidado "O Boca do Inferno". Produziu poesia lírica amorosa, lírica religiosa, lírica reflexiva, graciosa, encomiástica e satírica.

2. MANUEL BOTELHO DE OLIVEIRA nasceu em 1636 e faleceu em 1711. Escreveu: *Música do Parnaso* (1705), primeira obra publicada em vida por autor nascido na colônia.

3. FREI MANUEL DE SANTA MARIA ITAPARICA nasceu em 1704 e faleceu em 1769. Escreveu: *Eustáquidos* (1769).

PADRE ANTÔNIO VIEIRA

BIOGRAFIA

Antônio Vieira nasceu em Lisboa no ano de 1608, terminando seus dias na colônia, mais precisamente na Bahia, onde faleceu em 1697.

Ordenou-se pela Companhia de Jesus, tendo passado grande parte da sua vida no Brasil. Dirigiu uma Missão no Maranhão, onde se indispôs com os colonos por ter conseguido de D. João IV, em 1654, uma lei que proibia o apresamento de índios. Parece ter exercido uma grande influência sobre D. João IV, a quem deu o seu apoio em 1641, apontando-o ao público, em um sermão, como uma encarnação de D. Sebastião. D. João IV foi o primeiro rei português a subir ao trono depois do período de dominação espanhola, tendo dado início ao processo de restauração de Portugal, que nessa ocasião encontrava-se praticamente aniquilado. Vieira apoiou o projeto do rei. Por isso, em 1644, foi nomeado Pregador Real e recebeu o título de "O Tribuno da Restauração".

Por causa de suas idéias sebastianistas e por sua tolerância religiosa, foi perseguido pela Inquisição, tendo sido preso em 1665. Ficou preso em Coimbra, sendo julgado em 1667, pelo Santo Ofício. Foi condenado ao silêncio (não poder pregar) e à reclusão. No entanto, em 1668, já estava em liberdade, e no ano seguinte parte para Roma, onde prega em italiano, com autorização do Papa.

Em 1681, voltou definitivamente para o Brasil, dedicando-se até seus últimos dias às obras de apostolado, a redigir e revisar suas produções.

BIBLIOGRAFIA DO AUTOR

Além de *História do Futuro* (1718), *Esperanças de Portugal* (1856/7), *Clavis Prophetarum* (inédita), escreveu 200 sermões e 500 cartas.

Principais sermões:

Sermão pelo Bom Sucesso da Armas de Portugal Contra as de Holanda (1640), pregado na Bahia. A Inquisição valeu-se de dados desse sermão para fortalecer suas acusações, já que nele Vieira dirigiu-se a Deus de maneira agressiva e desafiadora.
Sermão do Mandato (1645), pregado em Lisboa, na Capela Real. Trata da sabedoria de Cristo e da ignorância dos homens.
Sermão de Santo Antônio ou *Sermão aos Peixes* (1653 ou 1654), pregado

no Maranhão. Nesse sermão, ele defende os índios e ataca os colonos. *Sermão da Sexagésima* ou *da Palavra de Deus* (1655), pregado em Lisboa, na Capela Real.

ESTILO DE ÉPOCA

O século XVII, na Península Ibérica, ficou marcado por uma forçada volta ao espírito religioso medieval. A Igreja, numa tentativa de brecar a heresia protestante e o humanismo renascentista, pregava insistentemente a brevidade enganosa da vida, a proximidade certa da morte e a necessidade de preparar para o encontro com Deus e o Juízo Final. O homem barroco oscila entre essa retomada do teocentrismo e do ascetismo e a permanência do novo espírito hedonista e antropocêntrico, recente conquista do século XVI, com o advento das idéias renascentistas. Por isso, provavelmente, a arte barroca é plena de conflito, de dualidade, de ambigüidade, de antíteses.

Outras características marcantes da literatura setecentista são: a complexidade, o detalhismo ornamental, a sinuosidade, de que pode ser um exemplo, na sintaxe, o hipérbato. Temos ainda o desequilíbrio, a dramaticidade (teatralidade), o exagero (hipérbole). O sentimento de efemeridade ou fugacidade da vida gera na arte barroca um sentimento de instabilidade e um pessimismo vital.

DUALIDADE ESTILÍSTICA

O Barroco pode apresentar dois modos bem distintos de expressão.

Um deles, valorizando o aspecto sensorial, tendo como características fundamentais o descritivismo plástico, a fartura de cores (policromia) e a preocupação exagerada com os pormenores.

O outro dá realce ao aspecto intelectual, tendo como principais aspectos o jogo de raciocínio, o interesse dissertativo e o conseqüente emprego de argumentos.

Ao primeiro dá-se o nome de CULTISMO ou GONGORISMO, pois seu fundador foi o poeta espanhol Gôngora.

Ao segundo, chama-se CONCEPTISMO[4] ou QUEVEDISMO, pois seu criador foi Quevedo, também escritor espanhol. Não é raro que encontremos as duas linhas estéticas numa mesma obra. Por exemplo, em Vieira, que é confessadamente conceptista, podemos encontrar um

4. O termo vem do latim **conceptu**, que significa conceito. Pode-se dizer também Conceitismo.

jogo cultista, e em poetas cultistas não é difícil depararmos com um jogo de idéias próprio do Conceptismo. Podemos esquematizar essas informações assim:

CULTISMO	Sensorial, descritivo, cromatismo. Valoriza a forma, a aparência. Jogo de palavras.

↑

BARROCO

↓

CONCEPTISMO	Intelectual, dissertativo. Valoriza o raciocínio, o conteúdo. Jogo de idéias (silogismo).

ESTILO INDIVIDUAL

O que deu fama ao jesuíta Antônio Vieira foram principalmente os seus sermões (gênero: oratória). Grande orador, mestre na utilização de uma linguagem brilhante, inigualável de imagens e raciocínios silogísticos fulgurantes. Adepto do estilo conceptista, utilizou algumas vezes recursos cultistas. Sua sintaxe é clássica, considerada riquíssima.

Vieira colocou a estética a serviço da sua principal finalidade: ensinar o caminho do evangelho, revestindo assim sua obra de um caráter didático evidente. No entanto, não deixou de se preocupar com problemas mundanos de seu tempo, fossem eles sociais, econômicos ou políticos.

Em seus sermões tanto pode usar o mito do retorno de D. Sebastião, para fortificar o governo de D. João IV, quanto a vida de S. Antônio, para atacar a escravização dos índios pelos colonos do Maranhão. Tratou também do problema dos judeus e da invasão holandesa.

Seus escritos visavam à pregação, ou seja, à comunicação oral, por isso seu estilo resulta conseqüentemente retórico e dotado de grande capacidade para convencer.

INTRODUÇÃO AO *SERMÃO DA SEXAGÉSIMA*

O *Sermão da Sexagésima*, também denominado *Sermão da Palavra de Deus* foi pregado em março de 1655, na Capela Real, de Lisboa. Assim como criticara aos colonos do Maranhão, Vieira dirige agora suas farpas irônicas contra os padres dominicanos, ordem religiosa que aparece no seu sermão preocupada menos com o zelo apostólico do que com sua posição confortável na Corte. Pode-se afirmar que entre os dominicanos há um em especial a quem Vieira dirige suas ironias: frei Domingos de S. Tomás, conhecido na época por exercitar uma oratória do tipo gongórico ou cultista.

O Cultismo ou Gongorismo é uma corrente do barroco que surgiu na Espanha com o poeta Gôngora, marcada principalmente por uma forte atração pelos elementos sensoriais, valorizando a forma. O texto de tendência gongórica prefere o jogo de palavras ao jogo de idéias e, muitas vezes, apresenta pontos de contato com o tipo de redação que chamamos descrição. A vertente que se lhe opõe é o Conceptismo ou Quevedismo, estilo praticado por Vieira. A corrente conceptista foi criada pelo escritor espanhol Quevedo. Essa tendência barroca valoriza o jogo de idéias, o raciocínio, aproximando-se mais da dissertação. É intelectual, valendo-se freqüentemente de **silogismos**[5] e até de **sofismas**[6].

Este sermão apresenta uma especial característica que o destaca dos demais. Em vez de falar de assuntos, digamos, referenciais, como a escravizacão dos índios ou a espera pelo retorno de D. Sebastião, ele trata da própria arte de pregar. Quer dizer, é o sermão sobre o sermão. Seu principal assunto é a maneira adequada, correta, que o padre deve empregar se quiser realizar um bom trabalho de pregação. Podemos pois, por isso, dizer que se trata de um sermão metalingüístico. Fez bem, portanto, o próprio Vieira ao escolhê-lo para abrir o primeiro volume de suas obras.

SUGESTÃO

Recomendamos a encenação deste sermão pelo ator Ayrton Salvanini, que vem se apresentando com sucesso em muitas escolas desde 1981. Através da teatralização, os estudantes passam a entender melhor o texto.

---

5. Raciocínio lógico, constituído de uma premissa maior, uma premissa menor e conseqüente conclusão. Ex.: **PM** Todo homem é mortal. **Pm** José é homem. **C** Logo, José é mortal.
6. Raciocínio incorreto, propositalmente enganoso, geralmente comum na fala de vendedores, no discurso de propaganda, nas justificativas dos políticos e nas defesas jurídicas de criminosos indefensáveis. Quando o erro ocorre por ignorância, denomina-se falácia.

FRAGMENTOS E RESUMO
DO
SERMÃO DA SEXAGÉSIMA

***Semen est verbum Dei.*[7] (S. Lucas, VIII, 11.)**

"E se quisesse Deus que este tão ilustre e tão numeroso auditório saísse hoje tão desenganado da pregação como vem enganado com o pregador! Ouçamos o Evangelho, e ouçamo-lo todo, que todo é do caso que me levou e trouxe de tão longe.

Ecce exiit qui seminat, seminare. Diz Cristo que 'saiu o pregador evangélico a semear' a palavra divina. Bem parece este texto dos livros de Deus. Não só faz menção do semear, mas faz também caso do sair: *Exiit*, porque no dia da messe hão-nos de medir a semeadura e hão-nos de contar os passos. O Mundo aos que lavrais com ele, nem vos satisfaz o que despendeis, nem vos paga o que andais. Deus não é assim. Para quem lavra com Deus até o sair é semear, porque também das passadas colhe fruto. Entre os semeadores do Evangelho há uns que saem a semear, há outros que semeiam sem sair. Os que saem a semear são os que vão pregar à Índia, à China, ao Japão[8]; os que semeiam sem sair, são os que se contentam com pregar na Pátria[9].Todos terão sua razão, mas tudo tem sua conta. Aos que têm a seara em casa, pagar-lhes-ão a semeadura; aos que vão buscar a seara tão longe, hão-lhes de medir a semeadura e hão-lhes de contar os passos. Ah Dia do Juízo! Ah pregadores! Os de cá[10], achar-vos-eis com mais Paço[11]; os de lá[12], com mais passos[13]: *Exiit seminare.*"

---

7. A semente é a palavra de Deus.
8. Quer dizer, os missionários jesuítas.
9. São os padres dominicanos que vivem no conforto da Corte.
10. Os dominicanos.
11. Paço é metonímia, ou sinédoque de Palácio, isto é, a parte pelo todo. Aqui, a linguagem figurada aponta para o conforto, a segurança, que devem ser descontados do prêmio a ser recebido por esses semeadores.
12. Os missionários jesuítas.
13. Temos aqui, também em linguagem conotativa, a referência ao trabalho maior dos pregadores jesuítas, que além da pregação em si, têm o trabalho de viajar longe à procura de novos ouvintes. Esse esforço adicional deve ser acrescentado ao prêmio que deverão receber.

Comentário:
Esse trocadilho Paço/passos é uma prática do barroco gongórico que Vieira está criticando. Muitos têm apontado esse trecho como um exemplo de que não há um barroco apenas conceptista e outro cultista, mas o predomínio de um dos estilos sobre o outro.

"Mas daqui mesmo vejo que notais (e me notais) que diz Cristo que o semeador do Evangelho saiu, porém não diz que tornou, porque os pregadores evangélicos, os homens que professam pregar e propagar a Fé, é bem que saiam, mas não é bem que tornem. Aqueles animais de Ezequiel que tiravam pelo carro triunfal da glória de Deus e significavam os pregadores do Evangelho, que propriedades tinham? *Nec revertebantur, cum ambularent*. 'Uma vez que iam, não tornavam.' As rédeas por que se governavam era o ímpeto do espírito, como diz o mesmo texto: mas esse espírito tinha impulsos para os levar, não tinha regresso para os trazer; porque sair para tornar melhor é não sair. Assim argüís com muita razão, e eu também assim o digo. Mas pergunto: E se esse semeador evangélico, quando saiu, achasse o campo tomado; e se se armassem contra ele os espinhos; se se levantassem contra ele as pedras, e se lhe fechassem os caminhos, que havia de fazer? Todos estes contrários que digo, e todas estas contradições experimentou o semeador do nosso Evangelho. Começou ele a semear (diz Cristo) mas com pouca ventura. 'Uma parte do trigo caiu entre espinhos, e afogaram-no os espinhos': *Aliud cecidit inter spinas, et simul exortae spinae suffocaverunt illud*. 'Outra parte caiu sobre pedras, e secou-se nas pedras por falta de umidade': *Aliud cecidit super petram, et natum aruit, quia non habebat humorem*. 'Outra parte caiu no caminho, e pisaram-no os homens e comeram-no as aves': *Alliud cecidit secus viam, et conculcatum est, et volucres coeli comederunt illud*. Ora vede como todas as criaturas do Mundo se armaram contra esta sementeira. Todas as criaturas quantas há no mundo se reduzem a quatro gêneros: criaturas racionais, como os homens; criaturas sensitivas, como os animais; criaturas vegetativas, como as plantas; criaturas insensíveis, como as pedras; e não há mais. Faltou alguma destas, que se não armasse contra o semeador? Nenhuma. A natureza insensível o perseguiu nas pedras, a vegetativa nos espinhos, a sensitiva nas aves, a racional nos homens. E notai a desgraça do trigo, que onde só podia esperar razão, ali achou maior agravo. As pedras secaram-no, os espinhos afogaram-no, as aves comeram-no; e os homens? Pisaram-no: Conculcatum est. (*Ab hominibus* – diz a Glosa.)

Quando Cristo mandou pregar os Apóstolos pelo Mundo, disse-lhes desta maneira: *Euntes in mundum universum, praedicate omni creaturae*:

'Ide, e pregai a toda a criatura.' Como assim, Senhor?! Os animais não são criaturas?! As árvores não são criaturas?! As pedras não são criaturas?! Pois hão os Apóstolos de pregar às pedras?! Hão de pregar aos troncos?! Hão de pregar aos animais?! Sim, diz S. Gregório, depois de Santo Agostinho. Porque como os Apóstolos iam pregar a todas as nações do Mundo, muitas delas bárbaras e incultas, haviam de achar os homens degenerados em todas as espécies de criaturas: haviam de achar homens homens, haviam de achar homens brutos, haviam de achar homens troncos, haviam de achar homens pedras. E quando os pregadores evangélicos vão pregar a toda a criatura, que se armem contra eles todas as criaturas?! Grande desgraça!

Mas ainda a do semeador do nosso Evangelho não foi a maior. A maior é que se tem experimentado na seara aonde eu fui, e para onde venho. Tudo o que aqui padeceu o trigo, padeceram lá os semeadores. Se bem advertirdes, houve aqui trigo mirrado; trigo afogado, trigo comido e trigo pisado. Trigo mirrado: Natum aruit, quia non habebat humorem; trigo afogado: *Exortae spinae suffocaverunt illud*; trigo comigo: *Volucres coeli comederunt illud;* trigo pisado*: Conculcatum est!* Tudo isto padeceram os semeadores evangélicos da missão do Maranhão de doze anos a esta parte. Houve missionários afogados, porque uns se afogaram na boca do grande rio das Amazonas; houve missionários comidos, porque a outros comeram os bárbaros na ilha dos Aroas, houve missionários mirrados, porque tais tornaram os da jornada dos Tocantins, mirrados da fome e da doença, onde tal houve, que andando vinte e dois dias perdidos nas brenhas, matou somente a sede com o orvalho que lambia das folhas. Vede se lhes quadra bem o *Natum aruit, quia non habebat humorem*! E que sobre mirrados, sobre afogados, sobre comidos, ainda se vejam pisados e perseguidos dos homens: *Conculcatum est*! Não me queixo nem o digo, Senhor, pelos semeadores; só pela seara o digo, só pela seara o sinto. Para os semeadores, isto são glórias: mirrados sim, mas por amor de vós mirrados; afogados sim, mas por amor de vós afogados; comidos sim, mas por amor de vós perseguidos e pisados."

Comentário:

Temos aqui um belo exemplo de paralelismo, jogo sintático muito praticado pelos escritores barrocos. Já apareceram outros exemplos no texto, mas escolhemos este por ser fácil de demonstrar visualmente:

mirrados sim, mas por amor de vós mirrados;
afogados sim, mas por amor de vós afogados;
comidos sim, mas por amor de vós perseguidos e pisados.

"Agora torna a minha pergunta: E que faria neste caso, ou que devia fazer o semeador evangélico, vendo tão mal logrados seus primeiros trabalhos? Deixaria a lavoura? Desistiria da sementeira? Ficar-se-ia ocioso no campo, só porque tinha lá ido? Parece que não. Mas se tornasse muito depressa a casa a buscar alguns instrumentos com que alimpar a terra das pedras e dos espinhos, seria isto desistir? Seria isto tornar atrás? – Não por certo. No mesmo texto de Ezequiel com que argüístes, temos a prova. Já vimos como dizia o texto, que aqueles animais da carroça de Deus, 'quando iam, não tornavam': *Nec revertebanturm cum ambularent.* Lede agora dois versos mais abaixo, e vereis que diz o mesmo texto que 'aqueles animais tornavam, à semelhança de um raio ou corisco'*: Ibant et revertebantur in similitudinem fulguris coruscantis.* Pois se os animais iam e tornavam à semelhança de um raio, como diz o texto que quando iam, não tornavam? Porque quem vai e volta como um raio, não torna. Ir e voltar como raio, não é tornar, é ir por diante. Assim o fez o semeador do nosso Evangelho. Não o desanimou, nem a primeira, nem a segunda, nem a terceira perda; continuou por diante no semear, e foi com tanta felicidade, que nesta quarta e última parte do trigo se restauraram com vantagem as perdas do demais: nasceu, cresceu, espigou, amadureceu, colheu-se, mediu-se, achou-se que por um grão multiplicara cento; *Et fecit fructum centuplum.*

Oh que grandes esperanças me dá esta sementeira! Oh que grande exemplo me dá este semeador! Dá-me grandes esperanças a sementeira, porque, ainda que se perderam os primeiros trabalhos, lograr-se-ão os últimos. Dá-me grande exemplo o semeador, porque, depois de perder a primeira, a segunda e a terceira parte do trigo, aproveitou a quarta e última, e colheu dela muito fruto. Já que se perderam as três partes da vida, já que uma parte da idade a levaram os espinhos, já que outra parte a levaram as pedras, já que outra parte a levaram os caminhos, e tantos caminhos, esta quarta e última parte, este último quartel da vida, por que se perderá também? Por que não dará fruto? Por que não terão também os anos o que tem o ano? O ano tem tempo para as flores e tempo para os frutos. Por que não terá também o seu outono a vida? As flores, umas caem, outras secam, outras murcham, outras leva o vento; aquelas poucas que se pegam ao tronco e se convertem em fruto, só essas são as venturosas, só essas são as discretas, só essas são as que duram, só essas são as que aproveitam, só essas são as que sustentam o Mundo. Será bem que o Mundo morra à fome? Será bem que os últimos dias se passem em flores? – Não será bem, nem Deus quer que seja, nem há de ser. Eis aqui por que eu dizia ao princípio, que vindes enganados com o pregador. Mas para que possais ir desenganados com o sermão, tratarei nele uma matéria de grande peso e importância. Servirá como de prólogo aos sermões que vos hei de pregar, e aos mais que ouvirdes esta Quaresma."

II

Semen est verbum Dei[14]

"O trigo, que semeou o pregador evangélico, diz Cristo que é a palavra de Deus. Os espinhos, as pedras, o caminho e a terra boa em que o trigo caiu, são os diversos corações dos homens. Os espinhos são os corações embaraçados com cuidados, com riquezas, com delícias; e nestes afoga-se a palavra de Deus. As pedras são os corações inquietos e perturbados com a passagem e tropel das coisas do Mundo, umas que vão, outras que vêm, outras que atravessam, e todas passam; e nestes é pisada a palavra de Deus, porque a desatendem ou a desprezam. Finalmente, a terra boa são os corações bons ou os homens de bom coração; e nestes prende e frutifica a palavra divina, com tanta fecundidade e abundância, que se colhe cento por um: *Et fructum fecit centuplum.*

Este grande frutificar da palavra de Deus é o em que reparo hoje/ e é uma dúvida ou admiração que me traz suspenso e confuso, depois que subo ao púlpito. Se a palavra de Deus é tão eficaz e tão poderosa, como vemos tão pouco fruto da palavra de Deus? Diz Cristo que a palavra de Deus frutifica cento por um, e já eu me contentaria com que frutificasse um por cento. Se com cada cem sermões se convertera e emendara um homem, já o Mundo fora santo. Este argumento de fé, fundado na autoridade de Cristo, se aperta ainda mais na experiência, comparando os tempos passados com os presentes. Lede as histórias eclesiásticas, e achá-la-eis todas cheias de admiráveis efeitos da pregação da palavra de Deus. Tantos pecadores convertidos, tanta mudança de vida, tanta reformação de costumes; os grandes desprezando as riquezas e vaidades do Mundo: os reis renunciando os cetros e as coroas; as mocidades e as gentilezas metendo-se pelos desertos e pelas covas; e hoje? – Nada disto. Nunca na Igreja de Deus houve tantas perseguições, nem tantos pregadores como hoje. Pois se tanto se semeia a palavra de Deus, como é tão pouco o fruto? Não há um homem que em um sermão entre em si e se resolva, não há um moço que se arrependa, não há um velho que se desengane. Que é isto? Assim como Deus não é hoje menos onipotente, assim a sua palavra não é hoje menos poderosa do que dantes era. Pois se a palavra de Deus é tão poderosa se a palavra de Deus tem hoje tantos pregadores, por que não vemos hoje nenhum fruto da palavra de Deus? Esta tão grande e tão importante dúvida será a matéria do sermão. Quero

14. A semente é a palavra de Deus. Esta frase encontra-se no Evangelho, S. Lucas VIII, 11.

começar pregando-me a mim. A mim será, e também a vós; a mim, para aprender a pregar: a vós, que aprendais a ouvir."

III

"Fazer pouco fruto a palavra de Deus no Mundo, pode proceder de um de três princípios: ou da parte do pregador, ou da parte do ouvinte, ou da parte[15] de Deus. Para uma alma se converter por meio de um sermão, há de haver três concursos: há de concorrer o pregador com a doutrina, persuadindo; há de concorrer o ouvinte com o entendimento, percebendo; há[16] de concorrer Deus com a graça, alumiando. Para um homem se ver a si mesmo[17], são necessárias três coisas: olhos, espelho e luz. Se tem espelho e é cego, não se pode ver por falta de olhos; se tem espelho e olhos, e é de noite, não se pode ver por falta de luz. Logo, há mister luz, há mister espelho e há mister olhos. Que coisa é a conversão de uma alma, senão entrar um homem dentro em si e ver-se a si mesmo[18]? Para esta vista são necessários olhos, é necessária luz e é necessário espelho. O pregador concorre com o espelho, que é a doutrina; Deus concorre com a luz, que é a graça; o homem concorre com os olhos, que é o conhecimento. Ora suposto que a conversão das almas por meio da pregação depende destes três concursos: de Deus, do pregador e do ouvinte, por qual deles havemos de entender que falta? Por parte do ouvinte, ou por parte do pregador, ou por parte de Deus?

Primeiramente, por parte de Deus, não falta nem pode faltar. Esta proposição é de fé, definida no Concílio Tridentino, e no nosso Evangelho a temos. Do trigo que deitou à terra o semeador, uma parte se logrou e três se perderam. E por que se perderam estas três? – A primeira perdeu-se, porque a afogaram os espinhos; a segunda, porque a secaram as pedras; a terceira, porque a pisaram os homens e a comeram as aves. Isto é o que diz Cristo; mas notai o que não diz. Não diz que parte alguma daquele trigo se perdesse por causa do sol ou da chuva. A causa por que ordinariamente se perdem as sementeiras é pela desigualdade e pela intemperança dos tempos, ou porque falta ou sobeja a chuva, ou porque

---

15. É muito comum no Barroco o emprego das figuras de repetição. O emprego sistemático de um mesmo termo ou expressão no início de cada oração chama-se anáfora.
16. Anáfora, figura de linguagem que consiste em repetir mesmo termo ou expressão no início do verso ou da oração.
17. Temos aqui o pleonasmo, figura enfática, também muito freqüente na literatura barroca.
18. Pleonasmo, figura que se caracteriza pela repetição, pela redundância, enfatizando uma idéia: "***entrar** um homem **dentro** em si e ver-**se** a **si mesmo***".

falta ou sobeja o sol. Pois por que não introduz Cristo na parábola do Evangelho algum trigo que se perdesse por causa do sol ou da chuva? - Porque o sol e a chuva são as influências da parte do Céu, e deixar de frutificar a semente da palavra de Deus, nunca é por falta do Céu, sempre é por culpa nossa. Deixará de frutificar a sementeira, ou pelo embaraço dos espinhos, ou pela dureza das pedras, ou pelos descaminhos dos caminhos; mas por falta das influências do Céu, isso nunca é nem pode ser. Sempre Deus está pronto da sua parte, com o sol para aquentar e com a chuva para regar; com o sol para aluminar e com a chuva para amolecer, se os nossos corações quiserem: *Qui solem suum oriri facit super bonos et malos, et pluit super justos, et injustos.* Se Deus dá o seu sol e a sua chuva aos bons e aos maus; aos maus que quiserem fazer bons, como a negará? Este ponto é tão claro que não há para que nos determos em mais prova. (...)

Sendo, pois, certo que a palavra divina não deixa de frutificar por parte de Deus, segue-se que ou é por falta do pregador ou por falta dos ouvintes."

Continua no seu raciocínio lógico, provando que a culpa tem sido atribuída aos ouvintes pelos pregadores, mas ele não concorda. Argumenta que a palavra de Deus, como a semente, pode não fazer fruto, mas pelo menos faz efeito. Mesmo na pedra e nos espinhos a semente não frutificou, mas nasceu. Dá como exemplos de maus ouvintes os de vontade endurecida, que são como as pedras; e outros de entendimento agudo, que são como espinhos. Em todos, porém, a palavra de Deus deveria fazer algum efeito. Conclui que se assim não acontece só pode ser por culpa dos pregadores:

"E assim é. Sabeis, cristãos, por que não faz fruto a palavra de Deus? – Por culpa dos pregadores. Sabeis, pregadores, por que não faz fruto a palavra de Deus? – Por culpa nossa."

IV

"Mas como em um pregador há tantas qualidades, e em uma pregação tantas leis, e os pregadores podem ser culpados em todas, em qual consistirá esta culpa? – No pregador podem-se considerar cinco circunstâncias: a pessoa, a ciência, a matéria, o estilo, a voz. A pessoa que é, a ciência que tem, a matéria que trata, o estilo que segue, a voz com que fala. Todas estas circunstâncias temos no Evangelho. Vamo-las examinando uma por uma e buscando esta causa.

Será porventura o não fazer fruto hoje a palavra de Deus, pela circunstância da pessoa? Será porque antigamente os pregadores eram santos, eram varões apostólicos exemplares, e hoje os pregadores são eu, e outros como eu? – Boa razão é esta. A definição do pregador é a vida e o exemplo. Por isso Cristo no Evangelho não o comparou ao semeador, senão ao que semeia."

Argumenta Vieira que semeador, como pregador, é apenas um nome, mas "que semeia" ou "que prega" são expressões que indicam ação, obras. Portanto, o melhor conceito que o pregador pode levar ao púlpito não são palavras, mas o exemplo de sua vida correta. Os homens rendem-se mais pelos olhos do que pelos ouvidos. Dá o exemplo de João Batista que não apenas pregava o jejum, mas fazia o jejum; não apenas condenava a soberba e a vaidade das galas[19], mas vestia-se de peles de camelo, com as **cerdas**[20] e **cilício**[21] à raiz da carne. Encerra Vieira, no entanto, com a negação desse argumento com o exemplo de Jonas.

"Muito boa e muito forte razão era esta de não fazer fruto a palavra de Deus; mas tem contra si o exemplo e experiência de Jonas. Jonas fugitivo de Deus, desobediente, **contumaz**[22], e, ainda depois de engolido e vomitado, iracundo, impaciente, pouco caritativo, pouco misericordioso, e mais zeloso e amigo da própria estimação que da honra de Deus, e salvação das almas, desejoso de ver subvertida a Nínive, e de a ver subverter com seus olhos, havendo nela tantos mil inocentes; contudo este mesmo homem com um sermão converteu o maior rei, a maior corte e o maior reino do Mundo, e não de homens fiéis senão de gentios idólatras. Outra é logo a causa que buscamos. Qual será?"

V

"Será porventura o estilo que hoje se usa nos púlpitos? Um estilo tão empeçado, um estilo tão dificultoso, um estilo tão afetado, um estilo tão encontrado a toda a arte e a toda a natureza?[23] Boa razão é também esta. O estilo há de ser muito fácil e muito natural. Por isso Cristo comparou o pregar ao semear (...).Compara Cristo o pregar ao semear, porque o

19. Pompa, luxo.

20. Pêlo mais espesso e resistente dos animais.

21. Cinto incômodo ou cordão de lã áspera que se usa sobre a pele para fazer penitência.

22. Teimoso, obstinado.

23. Aqui começa explicitamente sua famosa crítica contra o estilo gongórico ou cultista.

semear é uma arte que tem mais de natureza que de arte. Nas outras artes tudo é arte; na música tudo se faz por compasso, na arquitetura tudo se faz por regra, na aritmética tudo se faz por conta, na geometria tudo se faz por medida. O semear não é assim. É uma arte sem arte; caia onde cair. Vede como semeava o nosso lavrador do Evangelho. (...) Ia o trigo caindo e ia nascendo.

Assim há de ser o pregar. Hão de cair as coisas e hão de nascer; tão naturais que vão caindo, tão próprias que venham nascendo. Que diferente é o estilo violento e tirânico que hoje se usa! Ver vir os tristes passos da Escritura, como quem vem ao martírio; uns vêm acorrentados, outros vêm arrastados, outros vêm estirados, outros vêm torcidos, outros vêm despedaçados; só atados não vêm![24] (...)"

Continua o orador sua análise do estilo, tomando como base para si, e como modelo de pregador, o Céu.

"E quais são estes sermões e estas palavras do Céu? – As palavras são as estrelas, os sermões são a composição, a ordem, a harmonia e o curso delas. Vede como diz o estilo de pregar do Céu, com o estilo que Cristo ensinou na terra. Um e outro é semear; a terra semeada de trigo, o céu semeado de estrelas. O pregador há de ser como quem semeia, e não como quem ladrilha ou azuleja. Ordenado, mas como as estrelas: *Stellae manentes in ordine suo.* Todas as estrelas estão por sua ordem[25]; mas é ordem que faz influência, não é ordem que faça lavor. Não fez Deus o céu em xadrez de estrelas, como os pregadores fazem o sermão em xadrez de palavras. Se de uma parte está **branco**, de outra há de estar **negro**; se de uma parte está **dia**, de outra há de estar **noite**, se de uma parte dizem **luz**, da outra hão de dizer **sombra**; se de uma parte dizem **desceu**, da outra hão de dizer **subiu**. Basta que não havemos dever num sermão duas palavras em paz?[26]"

Continua defendendo a naturalidade do discurso celeste, propondo-

---

24. Notamos nesse trecho uma censura ao exagero, à dramaticidade, presente na arte barroca, tanto na pintura, quanto na literatura.

25. Vocês já devem ter notado que Vieira emprega bastante este recurso: primeiro usa uma expressão em latim, mas em seguida dá a tradução, encaixada naturalmente no texto, sem quebrar a fluência do seu discurso.

26. Destacamos em negrito as antíteses branco/negro, dia/noite, luz/sombra, desceu/subiu. Notem que ele empregou exemplos de adjetivo, substantivo e verbo, confirmando assim sua afirmação de que não deixavam nenhuma palavra em paz. Observem também, mais uma vez, a utilização do paralelismo sintático.

o como exemplo aos pregadores, que devem procurar um estilo muito distinto e muito claro. Imaginando alguma resistência entre os ouvintes de entendimento agudo, Vieira contrapõe:

"Sim, Padre; porém, este estilo de pregar, não é pregar culto. Mas fosse! Este desventurado estilo que hoje se usa, os que o querem honrar chamam-lhe *culto*, os que o condenam chamam-lhe *escuro*, mas ainda lhe fazem muita honra. O estilo culto não é escuro, é negro, e negro boçal e muito cerrado. É possível que somos portugueses, e havemos de ouvir um pregador em português, e não havemos de entender o que diz?!"

Na seqüência, combate com aspereza o emprego de epítetos no lugar dos nomes próprios como "Águia de África" em vez de Santo Agostinho[27].

VI

Continua sua queixa, para usar palavra dele mesmo, contra o estilo cultista. Diz que é hábito dos pregadores levantarem muitos assuntos, com que não concorda, pois quem levanta muita caça acaba não seguindo nenhuma e voltando com as mãos vazias. Conclui: "O sermão há de ter um só assunto e uma só matéria". E propõe o ideal de uma pregação: "Há de tomar o pregador uma só matéria, há de defini-la para que se conheça, há de dividi-la para que se distinga, há de prová-la com a Escritura, há de declará-la com a razão, há de confirmá-la com o exemplo, há de amplificá-la com as causas, com os efeitos, com as circunstâncias, com as conveniências que se hão de seguir, com os inconvenientes que se devem evitar; há de responder às dúvidas, há de satisfazer às dificuldades, há de impugnar e refutar com toda a força da eloqüência os argumentos contrários[28], e depois disto há de colher, há de apertar, há de concluir, há de persuadir, há de acabar. Isto é sermão, isto é pregar, e o que não é isto, é falar de mais alto".

Encerra essa divisão, dizendo que ainda não considera que esta seja a causa básica de seu descontentamento, de sua queixa.

27. É comum no texto literário barroco, o emprego dessa figura de linguarem, a antonomásia. Um tipo de metonímia, que se caracteriza por substituir o nome próprio de alguém por um epíteto ou qualidade, característica ou feito que a distingue das demais, como "Águia de Haia" para Rui Barbosa ou "o Poeta dos Escravos" para Castro Alves. Vieira está criticando o exagero no emprego desses recursos estilísticos pelos padres dominicanos, que preferiam o barroco cultista ou gongórico.

28. Podem procurar neste mesmo sermão e vocês vão encontrar vários momentos em que Vieira imagina a possível oposição de um ouvinte, analisando-a e refutando-a.

VII

"Será porventura a falta de ciências que há em muitos pregadores? Muitos pregadores há que vivem do que não colheram e semeiam o que não trabalharam. Depois da sentença de Adão, a terra não costuma dar fruto, senão a quem come o seu pão com o suor do seu rosto. Boa razão parece também esta. O pregador há de pregar o seu e não o alheio. Por isso diz Cristo que semeou o lavrador do Evangelho o trigo seu: *Semen suum*. Semeou o seu e não o alheio, porque o alheio, e o furtado não é bom para semear, ainda que o fruto seja de ciência. Comeu Eva o pomo da ciência, e queixava-me eu antigamente desta nossa mãe; já que comeu o pomo, por que lhe não guardou as **pevides**[29]? Não seria bem que chegasse a nós a árvore, já que nos chegaram os encargos dela? Pois por que não o fez assim Eva? – Porque o pomo era furtado, e o alheio é bom para comer, não é bom para semear; é bom para comer, porque dizem que é saboroso; não é bom para semear, porque não nasce. Alguém terá experimentado que o alheio lhe nasce em casa, mas esteja certo, que se nasce, não há de deitar raízes; e o que não tem raízes não pode dar fruto. Eis aqui por que muitos pregadores não fazem fruto; porque pregam o alheio, e não o seu: *semen suum*."

Insistindo na necessidade de ter o próprio estilo, lembra o orador que quando o Espírito Santo baixou sobre os apóstolos, veio na forma de línguas de fogo, sendo uma língua para cada um deles, significando com isso a necessidade de cada um ter sua própria língua:

"...porque a língua de Filipe não serve a Bartolomeu, e assim do mais. E senão, vede-o no estilo de cada um dos Apóstolos, sobre que desceu o Espírito Santo. Só de cinco temos escrituras; mas a diferença com que escreveram, como sabem os doutos, é admirável. As penas todas eram tiradas das asas daquela pomba divina; mas o estilo tão diverso, tão particular e tão próprio de cada um, que bem mostra que era seu. Mateus fácil, João misterioso, Pedro grave, Jacó forte, Tadeu sublime e todos com tal valentia no dizer, que cada palavra era um trovão, cada cláusula um raio e cada razão um triunfo".

Contudo, diz Vieira que não se firma de todo nesse motivo, passando a examinar outra possibilidade na oitava parte do sermão.

---

29. Sementes.

VIII

"Será finalmente a causa, que tanto há buscamos, a voz com que hoje falam os pregadores? Antigamente pregavam bradando, hoje pregam conversando."

Citando o Evangelho que registra que o Senhor bradava e lembrando João Batista que se definiu como a voz que bradava no deserto, Vieira diz que assim se deve pregar, aos brados, "...porque há muita gente neste Mundo com quem podem mais os brados que a razão". Desenvolvendo a mesma idéia, diz ele: "A nuvem tem relâmpago, tem trovão e tem raio: relâmpago para os olhos, trovão para os ouvidos, raio para o coração; com o relâmpago alumia, com o trovão assombra, com o raio mata. Mas o raio fere a um, o relâmpago a muitos, o trovão a todos. Assim há de ser a voz do pregador – um trovão do Céu, que assombre e faça tremer o Mundo".

Lembrando também que no livro sagrado há referências ao fato de que as palavras divinas devem descer como orvalho, brandamente, assim como, especificamente em Isaías, podemos encontrar que o Cristo falará com "voz tão moderada que se não possa ouvir fora", conclui Vieira que também o problema analisado por último não pode ser a causa que está procurando. "Pois se nenhuma destas razões que discorremos, nem todas elas juntas são a causa principal nem bastante do pouco fruto que hoje faz a palavra de Deus, qual diremos finalmente que é a verdadeira causa?"

IX

"As palavras que tomei por tema o dizem: *Semen est Verbum Dei.* Sabeis, Cristão, a causa por que se faz hoje tão pouco fruto com tantas pregações? – É porque as palavras dos pregadores são palavras, mas não são palavras de Deus. Falo do que ordinariamente se ouve."

Desenvolve, em seguida, o argumento de que as palavras dos pregadores são vazias, são deturpações da mensagem divina, muitas vezes empregadas para satisfazer a própria vaidade, o próprio interesse: "Pregam palavras de Deus, mas não pregam a palavra de Deus". Reforça seu pensamento, citando exemplos retirados das Sagradas Escrituras. Ao lembrar São Paulo, diz que este mencionara o fato de que no futuro haveria homens que fechariam os ouvidos à verdade para abri-los às fábulas. Comenta Vieira:

"Fábula tem duas significações: quer dizer fingimento e quer dizer comédia; e tudo são muitas pregações deste tempo. São fingimento, porque

porque são sutilezas e pensamentos aéreos, sem fundamento de verdade; são comédia, porque os ouvintes vêm à pregação como à comédia; e há pregadores que vêm ao púlpito como comediantes. Uma das felicidades que se contava entre as do tempo presente era acabarem-se as comédias em Portugal; mas não foi assim. Não se acabaram, mudaram-se; passaram do teatro ao púlpito".

E o pior, conclui Vieira, é que mesmo nas comédias dos escritores pagãos, como Plauto, Terêncio e Sêneca, poderíamos encontrar "muitos desenganos da vida e vaidade do Mundo", assim como "muitos pontos de doutrina moral, muito mais verdadeiros e muito mais sólidos, do que hoje se ouvem nos púlpitos". Critica a incoerência de pregadores que se apresentam com aparência pobre, humilde, mas quando falam, revelam uma riqueza e um luxo que os contradizem:

"Vemos sair da boca daquele homem, assim naqueles trajos, uma voz muito afetada e muito polida, e logo começar com muito desgarro, a quê? – A motivar desvelos, a acreditar empenhos, a requintar finezas, a lisonjear precipícios, a brilhar auroras, a derreter cristais, a desmaiar jasmins, a toucar primaveras, e outras mil indignidades destas[30]. Não é isto farsa[31] a mais digna de riso, se não fora tanto para chorar?"

X

"Dir-me-eis o que a mim me dizem, e o que já tenho experimentado, que, se pregamos assim, zombam de nós os ouvintes, e não gostam de ouvir. Oh, boa razão para um servo de Jesus Cristo!"

Vieira diz que o Diabo não teme os sermões bonitos porque eles não atingem o ouvinte, não convertem. Mas o sermão que aborrece é o que funciona, é o que converte, é o que dá frutos. Compara com a ação do médico:

"Que médico há que repare no gosto do enfermo, quando trata de lhe dar saúde? Sarem, e não gostem; salvem-se e amargue-lhes, que para isso somos médicos das almas".

Insiste que "a pregação que frutifica, a pregação que aproveita, não é aquela que dá gosto ao ouvinte, é aquela que lhe dá penas".

Para exemplificar, conta a história de dois pregadores que eram muito bons, mas para distingui-los, relata que um professor de escola superior deu assim sua opinião sobre os dois:

30. Os exemplos todos remetem a práticas bem do gosto cultista ou gongórico.

31. Peça cômica de um ato apenas, de ação burlesca. Considerada como inferior à comédia.

"Entre dois sujeitos tão grandes não me atrevo a interpor juízo; só direi uma diferença, que sempre experimento: quando ouço um, saio do sermão muito contente do pregador;[32] quando ouço outro, saio muito descontente de mim".

Termina Vieira seu arrazoado com a afirmação de que espera dos seus ouvintes o mesmo sentimento. Assim conclui seu sermão com a peroração:

"Estamos às portas da Quaresma, que é o tempo em que principalmente se semeia a palavra de Deus na Igreja, e em que ela se arma contra os vícios. Preguemos e armemo-nos, contra as ambições, contra as invejas, contra as cobiças, contra as sensualidades. Veja o Céu que ainda tem na terra quem se põe da sua parte. Saiba o Inferno que ainda há na terra quem lhe faça guerra com a palavra de Deus, e saiba a mesma terra que ainda está em estado de reverdecer e dar muito fruto: *Et fecit fructum centuplum.*"

ESTRUTURA DA OBRA

Os sermões de Vieira dividem-se em três partes:

Primeira: Intróito ou exórdio: aponta a orientação que vai seguir durante todo o sermão.

Segunda: Argumento ou desenvolvimento: o orador faz um levantamento de fatos contrários e favoráveis, desenvolvendo a tese que pretende demonstrar e fornecendo numerosos exemplos, sendo a maioria deles retirados da Bíblia ou da tradição católica. No entanto, recorre também a autores pagãos ou gentios, como o fez no *Sermão da Sexagésima.*

Terceira: Peroração: o orador apela aos fiéis para seguirem os conselhos extraídos do sermão.

PRINCIPAIS TEMAS

O tema central é a investigação da causa de não frutificar a palavra de Deus em terras portuguesas, conduzindo, em sua análise das causas possíveis, à critica contra os pregadores de estilo cultista, que valorizam mais seu discurso (a forma) do que a mensagem divina (conteúdo).

---

32. Queremos chamar a atenção para o uso sempre adequado da pontuação, facilitando a expressão.

Paralelamente, encontra-se a temática da ilusão da vida terrena, da grandiosidade e bondade de Deus, da pequenez e mediocridade do homem, da inutilidade dos vícios. Outro tema que se percebe é o de que tudo que é tomado do alheio, como a maçã que Eva roubou, não nos pode valer muito. Aparece também a crítica à ambição, à inveja, à cobiça e à sensualidade.

BIBLIOGRAFIA CONSULTADA

Chacon, Geraldo. *Síntese da Literatura Portuguesa e Brasileira*. 1996, SP: Editora Flâmula.

Vieira, Antônio. *Sermões*. 1975, RJ, Agir. Coleção Nossos Clássicos, nº 11.

REVISÃO

QUADRO SINÓPTICO DO BARROCO

Século XVII - Seiscentismo

I - CONTEXTO HISTÓRICO

1. Morre de D. Sebastião (1578).
2. Portugal passa para o domínio espanhol (1580).
3. Sobe ao trono D. João IV e inicia a Restauração. Frase dele: "O Brasil é vaca de leite de Portugal".
4. Movimento da Contra-Reforma (Santa Inquisição).
5. Brasil (ciclo da cana-de-açúcar).
6. Centro cultural, econômico e político: Bahia.

II - ORIGEM

O espírito do Barroco nasceu na Espanha, mas encontrou sua forma artística definitiva na Itália.

III - DATA INICIAL

A) Portugal: 1580 - Morte de Camões e Domínio Espanhol.
B) Brasil: 1601 - Publicação de *Prosopopéia,* de Bento Teixeira.

IV - CARACTERÍSTICAS GERAIS DO BARROCO

1. Retomada da religiosidade medieval.
2. Complexidade, detalhismo ornamental, sinuosidade (hipérbato).
3. Desequilíbrio, conflito entre antropocentrismo X teocentrismo, ascetismo X hedonismo, Idade Média X Renascimento.
4. Jogo dos contrastes (antítese).
5. Dramaticidade (teatralidade), exagero (hipérbole).
6. Efemeridade e fugacidade da vida (instabilidade).
7. Pessimismo vital.
8. Ambigüidade (metáfora).

V - AUTORES

A) Portugal

Padre Antônio Vieira, Padre M. Bernardes, Rodrigues Lobo, Francisco M. de Melo, Sóror Mariana Alcoforado.

B) Brasil

Padre Antônio Vieira, Gregório de Matos Guerra, Manuel Botelho de Oliveira, Eusébio de Matos.

VI - EXERCÍCIOS

1. (FUVEST/81 - adaptado) Assinale a **incorreta** e reescreva a frase da alternativa eliminando o erro. A respeito do Padre Antônio Vieira, pode-se afirmar:

a) Viveu no Brasil muito tempo, ocupando-se nos seus sermões de problemas locais, como a invasão holandesa.
b) Procurava adequar os textos bíblicos às realidades de que tratava.
c) Tinha uma forte espiritualidade, demonstrava desinteresse por assuntos mundanos.
d) No Maranhão, criticou a escravização dos índios.
e) Não se mostrou tímido diante dos interesses dos poderosos.

2. Assinale a única alternativa correta. O Barroco coincidiu, no Brasil colonial, com o ciclo econômico:

a) da exploração do pau-brasil;
b) da mineração;
c) da cana-de-açúcar;
d) do café;
e) do ouro.

3. Assinale a única assertiva correta.

a) Pe. Antônio Vieira é considerado o mais importante orador do século XVIII em nossa língua.
b) O famoso *Sermão da Sexagésima* foi pregado em São Luís do Maranhão e tinha por objetivo criticar o aprisionamento de índios para o serviço escravo.
c) O *Sermão da Sexagésima* critica o estilo conceptista pelo seu rebuscamento formal e apelo sensorial.
d) O *Sermão da Sexagésima* é um texto metalingüístico, pois é um sermão que trata da arte de pregar.
e) Vieira, no referido sermão, defende o conceptismo e ataca o cultismo, motivo pelo qual não apresenta qualquer traço estético da tendência criticada.

4. Assinale a alternativa correta, levando em conta o(s) gênero(s) praticado(s) por Vieira.
a) Praticou somente oratória.
b) Somente produziu epistolografia.
c) Escreveu tanto sermões (oratória), quanto cartas (epistolografia).
d) Além de obras proféticas, produziu versos moralizantes.
e) Produziu teatro alegórico e didático com a intenção de ensinar as verdades religiosas aos índios e aos colonos.

5. Explique os erros constantes nas alternativas incorretas do terceiro teste.

6. (UNICAMP-88) No *Sermão da Sexagésima*, o Pe. Antônio Vieira define o que vem a ser um sermão: discurso religioso de natureza basicamente persuasiva, isto é, discurso que tem por objetivo convencer os interlocutores. Ao fazê-lo, procura também ser persuasivo. Reescreva o texto, pontuando-o de forma a reforçar suas características persuasivas.

"*Há de tomar o pregador uma só matéria há de defini-la para que se conheça há de dividi-la para que se distinga há de prová-la com a Escritura há de declará-la com a razão há de confirmá-la com o exemplo há de amplificá-la com as causas com os efeitos com as circunstâncias com as conveniências que se hão de seguir com os inconvenientes que se devem evitar há de responder às dúvidas há de satisfazer as dificuldades há de impugnar e refutar com toda a força da eloqüência os argumentos contrários e depois disto há de colher há de apertar há de concluir há de persuadir há de acabar isto é sermão isto é pregar e o que não é isto é falar de mais alto.*"

(Pe. Antônio Vieira)

RESPOSTAS

1. C - Padre Vieira, em seus sermões, tratou de todo tipo de assunto, políticos, sociais, econômicos etc. Demonstrando, portanto, interesse por assuntos mundanos.

2. C

3. D

4. C

5. Antônio Vieira é considerado o mais importante orador do século XVII e não XVIII.

O famoso *Sermão da Sexagésima* foi pregado na capela real de Lisboa e não em São Luís do Maranhão. Além disso, pretendia criticar o estilo cultista dos padres dominicanos e não o aprisionamento de índios.

O *Sermão da Sexagésima* critica o estilo cultista ou gongórico e não o conceptista como apresenta a alternativa.

Embora Vieira, no referido sermão, defenda o conceptismo e ataque o cultismo, às vezes apresenta traço estético da tendência criticada, como o trocadilho "paço/passos".

6. "*Há de tomar o pregador uma só matéria, há de defini-la para que se conheça, há de dividi-la para que se distinga, há de prová-la com a Escritura, há de declará-la com a razão, há de confirmá-la com o exemplo, há de amplificá-la com as causas, com os efeitos, com as circunstâncias, com as conveniências que se hão de seguir, com os inconvenientes que se devem evitar; há de responder às dúvidas, há de satisfazer as dificuldades, há de impugnar e refutar com toda a força da eloqüência os argumentos contrários, e depois disto há de colher, há de apertar, há de concluir, há de persuadir, há de acabar, isto é sermão, isto é pregar, e o que não é isto, é falar de mais alto.*" (Pe. Antônio Vieira)

OUTRAS PUBLICAÇÕES

SÍNTESE DA LITERATURA PORTUGUESA E BRASILEIRA, com a história de nossa literatura desde o século XII até o século XX.

LITERATURA PORTUGUESA E BRASILEIRA, volumes 1, 2 e 3, com análise e resumo de mais de 30 obras importantes de nossa literatura.

PÉ NA ESTRADA, literatura infantil. Obra ilustrada e colorida.

LITERATURA PARA VESTIBULAR - UNICAMP, com análise e resumo de todas as obras selecionadas para os exames de 1998, 1999 e 2.000.

LITERATURA PARA VESTIBULAR - FUVEST 98, com análise e resumo das obras escolhidas para o exame de 1997/8.

LITERATURA PARA VESTIBULAR - PUC 98, com análise e resumo das obras.

GREGÓRIO DE MATOS

BIOGRAFIA

Em 1636, nascia na Bahia, então capital da colônia, o menino Gregório de Matos Guerra, amparado por uma família abastada, isto é, que gozava de uma boa condição sócio-econômica. Fez seus estudos iniciais com os padres jesuítas da Bahia, seguindo para Portugal, a partir de 1650, dedicando-se ao estudo do Direito. Formou-se em Coimbra, no ano de 1661, tornando-se magistrado e vivendo em Portugal até 1681. Por essa época, falece sua esposa e ele volta à colônia, onde dedica-se a uma vida boêmia e desregrada, nada bem vista pela sociedade, pois improvisa versos, cantando-os ao som da viola, feita por ele mesmo, com a qual se acompanha. Além disso, muitos de seus versos são bastante venenosos, ridicularizando e atacando toda a gente, inclusive autoridades como o governador da Bahia, Antônio de Sousa Menezes, conhecido pelo apelido "Braço de prata", a quem chamou claramente de "burro": "*Senhor Antão de Sousa de Meneses, / Quem sobe a alto lugar, que não merece, / Homem sobe, asno vai, burro parece, / Que o subir é desgraça muitas vezes*".

Muitos desses poemas satíricos apresentam uma linguagem chula e mestiça. Lendo alguns desses poemas desbocados e insolentes fica fácil entender seu apelido de "Boca do Inferno" e o seu exílio para Angola.

No entanto, apesar dessa vida pouco condizente com sua nível social, e de ser um advogado de poucas causas, Gregório casou-se uma segunda vez, com Maria dos Povos, teve filhos e mereceu amizade e proteção de alguns bispos e governadores que o admiravam pela inteligência, pela franqueza e por sua amizade devotada, pois era incapaz de recusar sua ajuda aos amigos.

Após seu exílio em Angola, o poeta voltou em 1695, mas não pôde desembarcar na Bahia, sendo constrangido a descer em Pernambuco, onde passou seu último ano de vida, já miserável e doente. Faleceu em 1696, um ano antes do padre Antônio Vieira, o maior orador barroco do século XVII em língua portuguesa.

BIBLIOGRAFIA

Gregório de Matos jamais publicou qualquer livro ou poema em vida. Sua obra permaneceu para a posteridade em cópias manuscritas, só aparecendo impressa séculos depois.

Em 1829, quando o Brasil contava sete anos de independência, versos de Gregório apareceram numa antologia organizada por Januário da Cunha Barbosa.

Em 1881, mesmo ano da publicação de *O mulato* e *Memórias póstumas de Brás Cubas*, foi reunida e publicada uma primeira coletânea de sua obra satírica, mas só no período que vai de 1923 a 1933, é que a Academia Brasileira de Letras trouxe à luz sua obra ***Sacra, Lírica, Graciosa, Satírica*** (2 volumes) e ***Última***.

Em 1969, finalmente, James Amado reuniu e organizou em sete volumes obra completa do vate baiano para a Editora Janaína, gerando a melhor publicação até agora.

ESTILO DE ÉPOCA

Gregório de Matos é um autor do estilo de época barroco, estética predominante no século XVII.[1]

O Barroco pode ser visto como uma tendência rebelde do Classicismo. Enquanto os artistas clássicos valorizavam a linha reta, o equilíbrio e a harmonia de formas, é freqüente nas obras dos artistas barrocos a curva, o retorcimento, a exuberância de formas, a instabilidade, o desequilíbrio. Se em diversas criações do Classicismo podemos vislumbrar a expressão de uma euforia vital, de uma alegria de viver, não raro percebemos nos trabalhos barrocos a presença de uma angústia vital, de uma preocupação com a brevidade da vida, com a efemeridade de tudo e com a certeza da morte. Na península ibérica, tal sentimento é resultado da forte propaganda contra-reformista, que tenta brecar a segurança do homem renascentista, forçando-o a uma retomada do ascetismo e teocentrismo medievais.

A insistência na transitoriedade, na passagem rápida do tempo, leva o homem do século XVII a um impasse, a um conflito, que gera tensão, e que jamais se resolve satisfatoriamente. Ou o homem busca Deus e despreza totalmente os prazeres mundanos, para salvar sua alma

---

1. O Barroco nas artes plásticas do século XVIII, nas Minas Gerais, tanto de Aleijadinho quanto de mestre Ataíde, é uma manifestação tardia, quando a literatura barrroca já tinha sido superada e sucedida pelo Arcadismo ou Neoclassicismo.

(ascetismo), ou deixa de lado as proibições religiosas e busca satisfazer os prazeres da carne (hedonismo). Podemos encontrar as duas opções na poesia de Gregório de Matos. Em um poema convida a mulher a aproveitar a vida antes que o tempo passe (*carpe diem*), mas em outro, paradoxalmente, pede perdão a Deus por ter pecado, exemplificando bem a tensão e o conflito que habitavam a alma do homem seiscentista, dividido entre a ascese e o hedonismo.

Em virtude desse conflito, que coloca o homem em desequilíbrio e tensão emocional, duas figuras de linguagem tornam-se muito freqüentes na literatura desse período: a antítese (jogo dos contrários) e a hipérbole (exagero).

A sinuosidade das artes plásticas pode ser encontrada na literatura através da inversão constante dos termos da oração, figura de linguagem denominada hipérbato.[2] O escritor do século XVII prefere sempre a ordem inversa ou indireta, mais coerente com a intensidade emocional, com um certo transtorno interior. Notem as frases que construímos no nosso cotidiano quando estamos apressados ou emocionalmente conturbados.

O escritor barroco em vez de dizer: "*Fábio, a vaidade nesta vida é como se fosse uma rosa*". prefere empregar: " *É a vaidade, Fábio, nesta vida, rosa*".

Outros traços estéticos que podem ser encontrados nas produções barrocas são: religiosidade, subjetivismo, dramaticidade, dinamismo, vocabulário rico (exuberância).

ESTILO INDIVIDUAL

Gregório de Matos tornou-se o principal representante da poesia barroca no Brasil. Sua obra permaneceu inédita durante muito tempo, tendo sua fama ficado restrita à Bahia, onde os poemas circulavam em cópias manuscritas. Como não há nenhum poema escrito e assinado por ele, ou seja, como não há qualquer texto autógrafo, acredita-se que, entre os poemas até agora relacionados, notadamente os satíricos, encontram-se poemas de outros autores.

Na sua poesia lírica, Gregório emprega o jogo de palavras para a pesquisa das emoções raras, a busca da unidade sob a diversidade. Encontram-se também na sua lírica o sentimento do pecado e o desejo de pecar, assim como o anseio pelo perdão. Nesse gênero, destaca-se o

2. Outra figura de inversão também utilizada é a anástrofe, que consiste na inversão de posição entre o termo regente e o termo regido: "Foste hasteada **dos heróis na lança**", isto é, na **lança dos heróis**.

idealismo amoroso da poesia renascentista, assim como a tensão do espírito barroco, que tanto pode apresentar-se de modo ornamental, com jogo de palavras, na linha do cultismo de Gôngora, ou de modo lógico argumentativa, conceptista na linha de Quevedo.

Sua linguagem tanto pode apresentar-se culta e requintada à moda européia, ou mais descontraída e, algumas vezes, até "abrasileirada", ou seja, com vocabulário e estruturas mais populares aos habitantes da Bahia de seu tempo.

INTRODUÇÃO À POESIA LÍRICA DE GREGÓRIO DE MATOS

Interessa-nos saber inicialmente o que é lírica e o que é lirismo. O termo vem do grego *lyra* , instrumento musical de corda que os poetas da Antigüidade utilizavam para acompanhar-se em suas canções.

Na literatura, o termo lira foi utilizado para designar um tipo de estrofe de composição poética, provavelmente inventada pelo italiano Bernardo Tasso[3] . Na Antigüidade, portanto, versos e música nasciam juntos e assim coexistiram até a Idade Média. No Trovadorismo, ainda encontramos os poemas cantados pelos jograis e menestréis, só que acompanhados de alaúde ou saltérios e não mais da lira. Apesar disso, continuam chamando-se "líricos". Já no Humanismo, em Portugal, a poesia divorcia-se da música, e o Renascimento confirma tal separação. Mesmo não sendo mais cantada, nem acompanhada por instrumento musical, continuou-se a chamar de lírica aquela poesia marcada pelo "eu", pelo subjetivismo. É como bem a define o crítico Massaud Moisés[4] :

A poesia lírica de Gregório de Matos pode ser assim esquematizada:

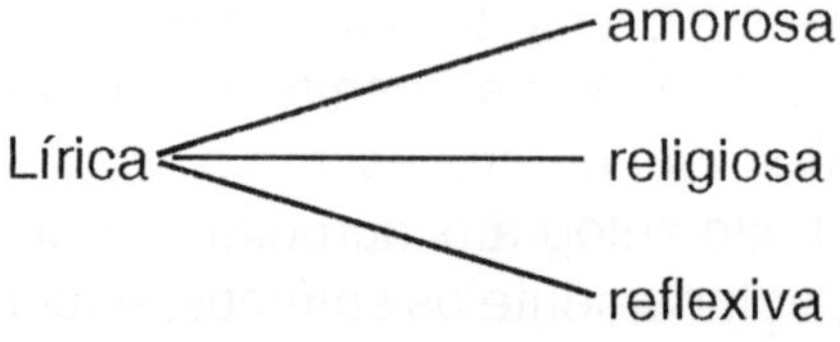

3. Pai do poeta Torquato Tasso.

4. Recomendamos o estudo das páginas 305 a 310 do *Dicionário de termos literários*, da Ed. Cultrix. Ver Bibliografia consultada, no final deste trabalho.

ANTOLOGIA COMENTADA

TEXTO 1

A MARIA DOS POVOS SUA FUTURA ESPOSA

Discreta e formosíssima Maria,
Enquanto estamos vendo a qualquer hora,
Em tuas faces a rosada Aurora,
Em teus olhos e boca o Sol, e o dia:

Enquanto com gentil descortesia
O ar, que fresco **Adônis** te namora,[5]
Te espalha a rica trança voadora,
Quando vem passear-te pela fria:

Goza, goza da flor da mocidade,
Que o **t**empo **t**rota a **t**oda[6] a ligeireza,
E imprime em toda a flor sua pisada.

Oh não aguardes, que a madura idade,
Te converta essa flor, essa beleza,
Em terra, em cinza, em pó, em sombra, em nada.

Como você deve ler o primeiro quarteto? Creio que o ideal seria lê-lo por três vezes consecutivas. Na primeira, faria a leitura normal. Na segunda, eliminando o excesso de inversões, você leria assim: "*Discreta e formosíssima Maria, enquanto estamos vendo em tuas faces, a qualquer hora, a rosada Aurora, estamos vendo em teus olhos o Sol, e estamos vendo em tua boca o dia*". Numa terceira leitura, você leria explicando as metáforas: "*Discreta e formosíssima Maria, enquanto estamos vendo em tuas faces, a qualquer hora, um rubor que nos lembra a rosada Aurora, estamos vendo também em teus olhos um brilho que se parece com o brilho do Sol; e estamos vendo em tua boca uma claridade* (dentes brancos) *que nos faz lembrar o dia*".

TEXTO 2

PINTURA DE UMA BELEZA

Vês esse Sol de luzes coroado?
Em pérolas a Aurora convertida?
Vês a Lua de estrelas guarnecida?
Vês o Céu de Planetas adorado?

O Céu deixemos: vês naquele prado
A Rosa com razão desvanecida?
A Açucena por alva presumida?
O Cravo por galã lisonjeado?

O eu lírico dirige-se à sua amada, apontando na natureza tudo que é sinal de beleza, para no final declarar que tudo isso perde o valor se comparado à beleza de seu rosto. Destacam-se os elementos sensoriais, principalmente os visuais.

---

5. O ar, à semelhança de um Adônis, jovem grego arquétipo da beleza masculina, te namora e espalha teus cabelos.
6. Temos aqui um jogo aliterativo, com a reiteração do fonema consonantal "T", **t**empo **t**rota **t**oda.

Deixa o prado; vem cá, minha adorada,
Vês desse mar a esfera cristalina
Em sucessivo aljôfar desatada?

Parece aos olhos ser de prata fina?
Vês tudo isto bem? Pois tudo é nada
À vista do teu rosto, Caterina.

O enaltecimento da beleza feminina é tema freqüente da literatura lusa desde as cantigas de amor da Idade Média. O que é típico do estilo barroco é o emprego de certas comparações e metáforas, que se tornaram repetitivas: rosa, pérolas, cravos, sol.

TEXTO 3

Pequei, Senhor: mas não porque hei pecado,
da vossa Alta Piedade me despido:
Antes, quanto mais tenho delinqüido,
vos tenho a perdoar mais empenhado.

Se basta a vos irar tanto pecado,
a abrandar-vos sobeja um só gemido:
que a mesma culpa, que vos há ofendido,
vos tem para o perdão lisonjeado.

Se uma Ovelha perdida, já cobrada,
glória tal e prazer tão repentino
vos deu, como afirmais na Sacra História:

Eu sou, Senhor, Ovelha desgarrada;
cobrai-a; e não queirais, Pastor Divino,
perder na vossa Ovelha a vossa glória.

Este poema se constrói todo sobre uma oposição básica: homem pecador x Deus bondoso. Ovelha perdida é metáfora de pecador, pois o poeta tomou como argumentação o texto bíblico, em que Cristo diz que Deus terá maior alegria pela entrada no céu de um pecador convertido, do que pela entrada de muitos cristãos que sempre andaram no bom caminho, explicando isso, por meio da parábola do pastor, que sente a mesma alegria ao recuperar uma ovelha que fugira do redil, do curral.

A argumentação do poeta-advogado, em causa própria, tem como base o seguinte silogismo: **Premissa maior**: Senhor, vóis sentis glória pela recuperação de uma alma perdida, ou pecador. **Premissa menor**: Eu sou um pecador. **Conclusão**: Senhor, senti essa glória salvando-me. Há toda uma postura de humildade do homem, ao pedir perdão, mas subjaz uma espécie de argumentação malandra, como se ele dissesse: "*Agora, meu Deus, você não vai perder essa glória deixando-me ir para o inferno, não é?*".

TEXTO 4

QUARTA-FEIRA DE CINZAS

Que és terra Homem, e em terra hás de tornar-te,
Te lembra hoje Deus por sua Igreja,
De pó te faz espelho, em que se veja
A vil matéria, de que quis formar-te.

Lembra-te Deus, que és pó para humilhar-te,
E como o teu **baixel**[7] sempre fraqueja
Nos mares da vaidade, onde peleja,
Te põe à vista a terra, onde salvar-te.

Alerta, alerta pois, que o vento berra,
E se assopra a vaidade, e incha o pano,
Na proa a terra tens, amaina, e ferra.

Todo o **lenho** mortal, **baixel** humano[8]
Se busca a salvação, tome hoje terra,
Que a terra de hoje é porto soberano.

Na primeira quarta-feira de Carnaval, o cristão vai à missa e o sacerdote esfrega um pouco de cinza em sua testa. Esse gesto ritualístico marca o início da Quaresma, tempo de penitência, e simboliza a fragilidade do corpo, da matéria, da vida humana terrena, que um dia também vai se decompor e virar cinza. O soneto desenvolve poeticamente as palavras de alerta que os sacerdotes dizem aos fiéis na quarta-feira de cinzas.

Este poema é uma síntese do *Sermão da quarta-feira de cinzas*, do padre Antônio Vieira, orador português estudado na primeira parte deste trabalho. A figura de linguagem fundamental que estrutura todo o texto de Gregório é a metáfora: "Homem, tu és terra". A metáfora consiste numa comparação implícita.

TEXTO 5

A CRISTO CRUCIFICADO ESTANDO O POETA
NA ÚLTIMA HORA DE SUA VIDA.

Meu Deus, que estais pendente em um madeiro,
Em cuja lei protesto de viver,
Em cuja santa lei hei de morrer
Animoso, constante, firme, e inteiro.

Neste lance, por ser o derradeiro,
Pois vejo a minha vida anoitecer,[9]
É, meu Jesus, a hora de se ver
A brandura de um Pai manso Cordeiro.

Mui grande é o vosso amor, e meu delito,
Porém pode ter fim todo o pecar,
E não o vosso amor, que é infinito.

Faz-se presente a temática contra-reformista do homem pecador que, em face da morte, arrepende-se de suas faltas e busca o perdão, confiando na misericórdia divina. O amor de Deus é infinito, maior portanto do que os delitos do pecador, mesmo que sejam muitos.

---

7. Barco.
8. Tanto lenho, quanto baixel, são metáforas do homem enquanto corpo, matéria, portanto sujeito à passagem do tempo que conduz infalivelmente à morte.
9. Eufemismo de "vejo-me morrer".

Esta razão me obriga a confiar,
Que por mais que pequei, neste conflito
Espero em vosso amor de me salvar.

TEXTO 6

É a vaidade, Fábio, nesta vida,
Rosa, que da manhã **lisonjeada**,[10]
Púrpuras mil, com ambição dourada,
Airosa[11] rompe, arrasta presumida.

É planta, que de abril favorecida,
Por mares de soberba desatada,[12]
Florida galeota empavesada,
Sulca ufana[13] , navega destemida.

É nau enfim, que em breve ligeireza,
Com presunção de **Fênix**[14] generosa,
Galhardias apresta, alentos preza:

Mas ser planta, ser rosa, nau vistosa
De que importa, se aguarda sem defesa
Penha[15] a nau, ferro[16] a planta, tarde a rosa?

O eu lírico fala com seu receptor, Fábio, sobre a inutilidade da vaidade, argumentando que a vida é breve e que a morte é a nossa única certeza. O texto é repleto de inversões, de elipses, de metáforas e metonímias, tornando-se tipicamente barroco. Nau, rosa e planta são metáforas de vida, assim como penha, ferro e tarde simbolizam a morte. Interessante notar que nesse poema não encontramos antítese, mas a base do poema é a antítese **vida x morte**.

O último terceto deve ser lido várias vezes para um entendimento mais profundo tanto do sentido, quanto da forma sinuosa do barroco. Sugerimos pelo menos estas duas. 1) "*Mas ser planta de que importa, se ferro aguarda a planta sem defesa? Ser rosa de que importa, se tarde aguarda a rosa sem defesa? Ser nau vistosa de que importa se penha aguarda a nau sem defesa?*" 2)"*Mas de que importa uma pessoa ser vaidosa como a planta que é cortada pela foice, ou a nau que é afundada pela rocha, ou a rosa que murcha com o passar do tempo? Nada, pois a morte vem rápida e inesperadamente colocar fim a toda a vaidade humana.*"

---

10. Lisonjeada pode ser entendido como elogiada, favorecida.
11. Airosa está significando "cheia de ar", "cheia de vida", elegante.
12. Temos aqui um exemplo de hipérbole, figura de linguagem que se caracteriza pelo exagero.
13. Abre sulcos no mar com orgulho.
14. Ave mitológica que depois de morta e queimada, podia renascer das próprias cinzas.
15. Penha é o mesmo que pedra, aqui é metonímia de naufrágio. A pedra é a causa, e o naufrágio é a conseqüência, o efeito.
16. Ferro é a matéria-prima com que se faz o instrumento de corte: machado, foice etc. A planta está bonita, mas vem o machado e a corta, matando-a.

TEXTO 7

BUSCANDO A CRISTO

A vós correndo vou, braços sagrados,
Nessa cruz sacrossanta descobertos,
Que, para receber-me, estais abertos,
E, por não castigar-me, estais cravados.

A vós, divinos olhos, eclipsados
De tanto sangue e lágrimas cobertos,
Pois para perdoar-me, estais despertos,
E, por não condenar-me, estais fechados.

A vós, pregados pés, por não deixar-me,
A vós, sangue vertido, para ungir-me,
A vós, cabeça baixa, pra chamar-me.

A vós, lado patente, quero unir-me,
A vós, cravos preciosos, quero atar-me,
Para ficar unido, atado e firme.

Como todos os demais poemas vistos até agora, este também é um soneto, poema de forma fixa, composta de 14 versos, distribuídos em dois quartetos e dois tercetos. Quanto à métrica, os versos são decassílabos. O esquema de rima utilizado foi ABBA, ABBA, CDC, DCD, redebendo a designação de "rimas interpoladas" as primeiras e as segundas de "rimas alternadas ou cruzadas".

A repetição sistemática de "A vós" no início de cada verso caracteriza a figura de linguagem denominada anáfora. Deve-se observar também que o autor emprega o paralelismo sintático: "pregados pés / "cravos preciosos" // "quero unir-me" / "quero atar-me". Também não se pode deixar de notar as antíteses: "receber-me" x "castigar-me", "estais abertos" x "estais cravados", "perdoar-me" x "condenar-me".

TEXTO 8

O REPOUSO DE SÍLVIA

À margem de uma fonte que corria,
Lira doce dos pássaros cantores,
A bela ocasião das minhas dores
Dormindo estava ao despertar do dia.

Mas como dorme Sílvia, não vestia
O céu seus horizontes de mil cores;
Dominava o silêncio sobre as flores,
Calava o mar e rio não se ouvia.

Não dão o parabém à bela aurora
Flores canoras, pássaros fragrantes,
Nem seu âmbar respira a rica Flora.

Porém abrindo Sílvia os dois diamantes,
Tudo a Sílvia festeja e tudo a adora:
Aves cheirosas, flores ressonantes.

Leia os comentários na página seguinte.

Comentários:

1. Paráfrase do poema: "*Amanhecia e a minha amada, Sílvia, dormia à margem de uma fonte. Porque ela dormia, o céu não apresentava suas cores, nem mar e rio faziam ruído e havia silêncio sobre as flores, mas foi só Sílvia abrir os olhos para o mundo se encher de sons e cheiros, comemorando-a*".

2. Em "*lira doce*" encontramos sinestesia, que consiste numa interprenetração do campo sensorial, ou uma confusão de nossos sentidos, pois lira é um elemento visual e tátil, enquanto doce é gustativo, ligado ao paladar.

3. "*A bela ocasião de minhas dores*" é perífrase de amada.

4. É freqüente no Barroco o emprego de verso bimembre: "*Aves cheirosas / flores ressonantes*"; "*Flores canoras / pássaros fragrantes*"; "*calava o mar / e o rio não se ouvia*".

5. Notem que predomina a ordem inversa dos termos da oração: "*dormindo estava*" em vez de estava dormindo; "*não vestia o céu*", no lugar de o céu não vestia; "*Dominava o silêncio*" etc.

6. "*Os dois diamantes*" é metáfora para os olhos da amada, em virtude de seu brilho. Essa é uma das mais desgastadas metáforas da estética barroca.

7. Observem que os adjetivos estão trocados em "*Flores canoras, pássaros fragrantes*" e em "*Aves cheirosas, flores ressonantes*", provocando um estranhamento no leitor, gerando uma espécie de **quiasmo**[17]. Esse jogo (ludicidade) é um traço característico do Barroco, notadamente do cultismo, por prevalecer a sensorialidade.

"Flores **canoras**"

X

"pássaros **fragrantes**"

---

17. Consiste no cruzamento de grupos sintáticos paralelos, de forma que um termo do primeiro se repete no segundo, em posição invertida (AB x BA): exemplo: "*Melhor é merecê-los sem os ter, / Que possuí-los sem os merecer*" (Camões).

TEXTO 9

ROMANCE DEDICADO A UMA CRIOULINHA
CHAMADA CIPRIANA, POR ALCUNHA - SUPUPEMA

Crioula da minha vida,
Supupema da minha alma,
bonita como umas flores
e alegre como umas páscoas.
Não sei que feitiço é este
que tens nessa linda cara,
a gracinha com que ris,
a esperteza com que falas.
O garbo com que te moves,
o **donaire**[18] com que andas,
o asseio com que te vestes
e o pico com que te amanhas.[19]
Tem-me tão enfeitiçado,
que a bom partido tomara
curar-me por tuas mãos,
sendo tu a que me matas.
Nas não te espante o remédio,
porque na víbora se acha
o veneno na cabeça,
de que se faz a **triaga**[20].
A tua cara é veneno
que me traz enfeitiçada
esta alma que por ti morre,
por ti morre, e nunca acaba.
Não acaba porque é justo
que passe as amargas **ânsias**[21]
de te ver zombar de mim,
que a ser morto não zombaras.
Tão infeliz sou contigo
que a fim de que te agradara
fora o Bagre e fora o Negro

Este poema inicia-se de modo intensamente lírico, mas, ao final, vai adotando uma postura levemente satírica. Destaca-se também a linguagem menos erudita e mais popular, aproximando-se da gíria em alguns momentos. Há termos que deviam ser comuns naquela época, mas que desapareceram na fala usual, como "cagucho", que nem no dicionário aparece registrado. O termo que mais se aproxima é "caguincha", que pode significar: fraco, anêmico, covarde, ou de corpo pequeno. Talvez, no texto, possa-se tomar por corpo, já que se diz branco de cara e cagucho. Outros termos que merecem comentário:
pico significa malícia, graça;
alcunha é o mesmo que apelido ou apodo;
amanhar é cultivar;
ânsia é o mesmo que aflição, angústia ou desejo ardente;
casta indica raça, camada social hereditária, cujos membros pertencem à mesma raça, profissão ou religião.

18. O mesmo que garbo, graça, elegância, gentileza. Pode ser empregado ainda como adorno ou enfeite.
19. É como se ele dissesse: "Você se arruma no maior pique!"
20. O mesmo que teriaga, remédio de composição complicada, empregado pelos antigos contra mordida de qualquer animal venenoso.
21. Aflição, angústia, desejo ardente.

que tinha as pernas inchadas.
Claro está que não sou negro,
que a sê-lo tu me buscaras;
nunca meu pai me fizera
branco de cagucho e cara.
Mas não deixas de querer-me
porque sou branco de casta,
que se me tens cativado
sou teu negro e teu canalha.

TEMÁTICA DA POESIA LÍRICA DE GREGÓRIO DE MATOS

- *Carpe diem*, ou seja, aproveite o momento presente, o instante que passa.
- O amor ou o desejo de possuir a mulher querida.
- Exaltação da beleza da mulher amada.
- A fragilidade da vida humana, o seu caráter mortal, efêmero.
- Pedido de perdão a Deus pelas faltas cometidas.
- A inutilidade da vaidade.
- O amor a Deus e o desejo de fundir-se com Cristo.

INTRODUÇÃO À SÁTIRA DE GREGÓRIO DE MATOS

O vate baiano deveria chamar a atenção com seu porte alto, seu corpo magro, e seus membros delicados. Seus cabelos eram poucos e crespos. Nos bares e na boêmia, ao cantar seus versos críticos, devia conceder ao rosto expressão irônica que se destacava ainda mais pela sua testa larga e pelas sobrancelhas arqueadas. Os olhos garços e o nariz aquilino sobrepunham-se a uma boca pequena e engraçada, que mais humor deveria emprestar ao seu modo despachado de atacar a todos que caiam em seu desagrado. Sua pele clara, sua educação escolar superior e seus modos corteses, contrastavam com certos ambientes e pessoas que freqüentava. Vestia normalmente um colete de pelica de âmbar, volta de renda fina e usava peruca, costume incomum na Bahia daquele tempo. Esse retrato foi feito no século XVII pelo licenciado Manuel Pereira Rabelo, um dos primeiros admiradores do poeta.

Outras pessoas, no entanto, tinham uma visão do poeta muito menos simpática. Ou melhor, outros havia que devotavam ao poeta um ódio desmesurado, a ponto de desejar sua morte e tramar seu degredo. Mesmo tempos depois, ao ler seus versos, o crítico Araripe Júnior demonstrou grande antipatia, ao retratar o poeta, em 1894. Os seguintes fragmentos podem dar uma idéia da postura subjetiva do crítico e da aversão que tinha ao poeta:

"*Pessimista objetivo, alma maligna, caráter rancoroso, relaxado por temperamento e por costumes, o poeta do Marinícolas verte fel por todas as suas sátiras; e apesar de produto imediato do meio em que viveu, desconhece a sua cumplicidade, pensa reagir quando apenas se enlameia.*

E houve quem assegurasse que O Boca do Inferno com seus versos conseguira moderar o desregramento dos costumes e impedir que se incrementasse o desgoverno da Colônia. Aí têm uma lenda como qualquer outra".

Dizem que foi o padre Vieira o autor dessa frase. Segundo a lenda, o padre teria dito assim: "*Gregório fez mais pela moralização da Bahia com suas sátiras do que eu com os meus sermões*". Araripe Júnior diz ainda a respeito de Gregório:

"*Um notabilíssimo canalha, eis o que ele era. Perdoe-se o uso da frase com que o povo às vezes define incisivamente o caráter de certos indivíduos. E não podia ser senão isto o homem que teve bastante coragem para afrontar as coisas mais delicadas da vida conjugal.*

É para admirar-se, então, como a animalidade o assoberbava e como o cinismo o fazia descer até ao mais desbragado desrespeito a coisas reputadas santas. Diante da contração satírica tudo cedia, tudo se desfazia, tudo se esbandalhava, e à boca vinha o **volvo excrementício**[22], *que o poeta vomitava colérico-risonho, saboreando em um infernal prazer o horror* **contumelioso**[23] *dos pobres padres assustados de tanta* **acrimônia**[24] *e imodéstia".* (p.59)

Gregório provocou tanto furor porque sua sátira é daquelas que atacam sem enfeites atenuadores. Pelo contrário, para maior aguçar seu veneno crítico, apela para o falar mais baixo que encontrar à mão:

"*De dous ff se compõe*
esta cidade a meu ver
um furtar, outro foder".

revelando muitas vezes uma linguagem mestiça, em que o português se mistura a termos de origem indígena e africana, além de termos mal pronunciados pelos integrantes das camadas sociais inferiores. O alvo de sua crítica podia tanto ser o clero, quanto os políticos; tanto os reinóis, quanto os colonos tanto a elite, quanto a ralé. Não escapavam às suas chacotas as mulheres, os negros e os mestiços, principalmente os que pretendiam ocultar tal mistura. Pode-se acrescentar entre os defeitos do poeta o machismo e o racismo. Enfim, ninguém na Bahia escapava à veia satírica de Gregório, que se revela como um censor e uma vítima dessa sociedade hipócrita e injusta, se se acreditar no que diz o poeta em seus versos:

"*Eu sou aquele que os passados anos*
Cantei na minha lira maldizente
Torpezas do Brasil, vícios e enganos".

Os censores moralistas, quando criticam, evitam nomear ou retratar os crimes criticados, preferindo insinuar ou tangenciar os fatos. A censura que o poeta baiano exerce, no entanto, revela prazer em decompor, esmiuçar, examinar pormenorizadamente as depravações criticadas. Além disso, Gregório pratica muitas das infrações por ele condenadas. Pode-se supor que muitas de suas críticas brotam do fato de estar excluído do grupo ou meio a que aponta suas farpas ferinas. De qualquer forma, um dos aspectos importantes do conjunto desses textos é que formam um retrato, embora caricatural, do que foi a Bahia dos anos seiscentos. Por isso, sua poesia satírica já foi denominada crônica do viver baiano. E o poeta tinha consciência disso:

---

22. Volvo é oclusão intestinal e o adjetivo excrementício indica aquilo que tem a natureza de excremento ou fezes.
23. O termo vem de contumélia, que significa injúria, insulta. Contumelioso, então, é o mesmo que injurioso.
24. Aspereza, dureza, desabrimento, rudeza, grosseria.

"E pois cronista sou.

Se souberas falar também falaras
também satirizaras, se souberas,
e se foras poeta, poetaras.

Cansado de vos pregar
cultíssimas profecias,
quero das culteranias
hoje o hábito enforcar:
de que serve arrebentar,
por quem de mim não tem mágoa?
Verdades direi como água,
porque todos entendais
os ladinos, e os boçais
a Musa praguejadora".

Nem sempre, porém, seus poemas podem ser enquadrados em determinado gênero, ficando algumas vezes entre o lírico e o satírico, motivo pelo qual alguns de seus textos ficam classificados como poesia graciosa ou poesia erótica. Um desses poemas, por exemplo, é o *romance* dedicado à crioulinha Cipriana, transcrito à página 43.

ANTOLOGIA COMENTADA

TEXTO 1

DESCREVE O QUE ERA REALMENTE NAQUELE TEMPO A CIDADE DA BAHIA DE MAIS ENREDADA POR MENOS CONFUSA

A cada canto um grande conselheiro,
Que nos quer governar a cabana, e vinha,
Não sabem governar sua cozinha,
E podem governar o mundo inteiro.

Em cada porta um freqüentado olheiro,
Que a vida do vizinho, e da vizinha
Pesquisa, escuta, espreita, e esquadrinha,[25]
Para a levar à Praça, e ao Terreiro.

---

25. Gradação ou clímax, figura de pensamento que se caracteriza por apresentar uma seqüência de palavras que intensificam uma mesma idéia. "Esquadrinha" intensifica a idéia de vistoriar todos os espaços, canto por canto, sem deixar nada de fora. Esse verso também é rico de efeitos aliterativos (qu/c/qu/p/t/p/t) e assonância (es/es/es/es).

Muitos mulatos desavergonhados,
Trazidos pelos pés os homens nobres,
Posta nas palmas toda a picardia[26].

Estupendas usuras[27] nos mercados,
Todos, os que não furtam, muito pobres,
E eis aqui a cidade da Bahia.

Nesse soneto, o poeta reclama que a cidade está cheia de fofoqueiros e de gente que se mete a governar a vida alheia, embora não consiga administrar a sua própria casa. Além disso, enquanto o homem nobre é prejudicado, prevalece a malandragem e só quem rouba dá-se bem.

TEXTO 2

TORNA A DEFINIR O POETA OS MAUS MODOS DE OBRAR NA GOVERNANÇA DA BAHIA, PRINCIPALMENTE NAQUELA UNIVERSAL FOME, QUE PADECIA A CIDADE.

Que falta nesta cidade? .... Verdade
Que mais por sua desonra .... Honra
Falta mais que se lhe ponha .... Vergonha.

O demo a viver se exponha,
Por mais que a fama a exalta,
Numa cidade, onde falta
Verdade, Honra, Vergonha.[28]

Quem a pôs neste **socrócio**[29]? ....Negócio
Quem causa tal perdição? .... Ambição
E o maior desta loucura ....Usura.

Notável desaventura
De um povo **néscio**, e **sandeu**,[30]
Que não sabe, que o perdeu
Negócio, Ambição, Usura.

---

26. Desconsideração, malandragem. "Posta nas palmas" quer dizer que não se esconde, que está à vista de todos, como se estivesse na palma aberta da mão.
27. Juro excessivo, lucro exagerado.
28. Essa técnica era muito empregada no Barroco. O poeta distribui termos pelos versos anteriores e conclui um pensamento, encerrando a estrofe com as palavras disseminadas antes. Denomina-se "disseminação e recolha" ou "semeadura e colheita".
29. Termo não dicionarizado, que tanto pode ser gíria da época, quanto criação, neologismo, do poeta. O sentido é criado então pela situação, podendo-se entender como "buraco" ou "poço".
30. Néscio é o mesmo que ignorante, estúpido, insensato e sandeu significa louco, idiota, parvo, estúpido. Há entre ambas uma relação sinonímica.

E que justiça a resguarda? .... Bastarda
É grátis distribuída? .... Vendida
Que tem, que a todos assusta? .... Injusta.

Valha-nos Deus, o que custa,
O que El-Rei nos dá de graça,
Que anda a justiça na praça
Bastarda, Vendida, Injusta.

Que vai pela clerezia? .... Simonia[31]
E pelos membros da Igreja? .... Inveja
Cuidei, que mais lhe punha? .... Unha[32].

Sazonada caramunha!
Enfim que na Santa Sé
O que se pratica, é
Simonia, Inveja, Unha.

E nos Frades há **manqueiras**[33]? ....Freiras
Em que ocupam os serões? .... Sermões
Não se ocupam em disputas? .... Putas.

Com palavras dissolutas
Me concluís na verdade,
Que as lidas todas de um Frade
são Freiras, Sermões e Putas.

O açúcar já se acabou? .... Baixou
E o dinheiro se extinguiu? .... Subiu
Logo já convalesceu? .... Morreu.

À Bahia aconteceu
O que a um doente acontece,
Cai na cama, o mal lhe cresce,
Baixou, Subiu, e Morreu.

---

31. Entre o clero (clerezia) acontece muito o comércio de coisas sagradas (simonia). O termo vem de Simão, o Mago, que tentou comprar de São Pedro o dom de conferir o Espírito Santo.
32. Unha está no sentido figurado, indicando ganância, ambição desmedida.
33. Defeito de ser manco. O termo foi empregado metaforicamente no lugar de falhas, faltas, defeitos.

A Câmara não acode? .... Não pode
Pois não tem todo o poder? .... Não quer
É que o governo a convence? .... Não vence

Quem haverá que tal pense,
que uma Câmara tão nobre
por ver-se mísera, e pobre
Não pode, não quer, não vence.

Comentário:
É incrível a atualidade do poema, que pode ser aplicado, com pequenas modificações a qualquer grande cidade de nosso tempo ou ao país como um tempo. A semelhança não é mera coincidência, nem mérito do poeta, mas resultado da hipocrisia e desonestidade dos governantes e lideranças políticas, auxiliadas pela ausência de um espírito de luta dos eleitores e consumidores.

TEXTO 3

AO CONDE DE ERICEIRA D. LUIZ DE MENEZES PEDINDO LOUVORES AO POETA NÃO LHE ACHANDO ELE PRÉSTIMO ALGUM.
(Conde de Ericeira, dom Luíz de Meneses: nasceu em 1632 e suicidou-se em 1690)

Um soneto começo em vosso gabo;
Contemos esta **regra**[34] por primeira,
Já lá vão duas, e esta é a terceira,
Já este quartetinho está no cabo.

Na quinta torce agora a porca o rabo:
A sexta vá também desta maneira,
na sétima entro já com grãn canseira,
E saio dos quartetos muito brabo.

Agora nos tercetos que direi?
Direi, que vós, Senhor, a mim me honrais,
Gabando-vos a vós, e eu fico um Rei.

Trata-se de um soneto metalingüístico, isto é, trata o tempo todo do próprio ato de escrever os versos, as estrofes, significando que seu "homenageado" não oferece nada que o inspire, resultando daí o vazio de que o poema se preenche.

34. Linha de papel pautado, linha escrita, linha cheia.

Nesta vida um soneto já ditei,
Se desta agora escapo, nunca mais;
Louvado seja Deus, que o acabei.

TEXTO 4

A DESPEDIDA DO MAU GOVERNO QUE FEZ ESTE GOVERNADOR

Senhor Antão de Sousa de Meneses,
Quem sobe a alto lugar, que não merece,
Homem sobe, asno vai, burro parece,
Que o subir é desgraça muitas vezes.

A fortunilha autora de entremezes
Transpõe em burro o herói, que indigno cresce.
Desanda a roda, e logo o homem desce,
Que é discreta a fortuna em seus reveses.

Homem (sei eu) que foi Vossenhoria,
Quando o pisava da fortuna a Roda,
Burro foi ao subir tão alto clima.

Pois vá descendo do alto, onde jazia,
Verá, quanto melhor se lhe acomoda
Ser homem em baixo, do que burro em cima.

O poeta alerta o governador para o fato de que quem sobe desmerecidamente perde a dignidade de homem, porque a sorte ou destino, autora do teatro da vida, transforma em burro o herói que cresce sem mérito. Comenta que o governador era homem antes de subir, por isso aconselha-o a voltar a seu antigo lugar, onde poderá constatar que é melhor estar aí como homem, do que em cima como burro. Nessa postura pode estar implícita a opção de vida do poeta, que foi social e economicamente decaindo até morrer na miséria, numa possível recusa do tipo de vida e de sociedade de seu tempo.

TEXTO 5 (Fragmentos)

AO SEU FILHO (D. ANTÔNIO) O CONDE DO PRADO, DE QUEM ERA O POETA BEM VISTO, ESTANDO RETIRADO NA PRAIA GRANDE, LHE DÁ CONTA DOS MOTIVOS, QUE TEVE PARA SE RETIRAR DA CIDADE, E AS GLORIAS, QUE PARTICIPA NO RETIRO.

Daqui desta Praia grande,
Onde à cidade fugindo,
conventual das areias
entre os mariscos habito:
A vós, meu Conde do Prado,
a vós, meu Príncipe invicto,
Ilustríssimo Mecenas
de um Poeta tão indigno.

A presença da afetividade desse poema, atenuando o efeito satírico, permite que seja classificado como gracioso. Observe-se que o poeta optou pelos versos de sete sílabas, denominados redondilhos maiores.

Enfermo de vossa ausência
quero curar por escrito
sentimentos, e saudades,
lágrimas, penas, suspiros.
Quero curar-me convosco,
porque é discreto aforismo,
que a causa das saudades
se empenhe para os alívios.
Ausentei-me da Cidade,
porque esse Povo maldito
me pôs em guerra com todos,
e aqui vivo em paz comigo.
Aqui os dias me não passam,
porque o tempo fugitivo,
por ver minha solidão,
pára em meio caminho.
Graças a Deus, que não vejo
neste tão doce retiro
hipócritas embusteiros,
velhacos intrometidos.
Não me entram nesta palhoça
visitadores prolixos,
políticos enfadonhos,
cerimoniosos vadios.

....

Eu era lá em Portugal
sábio, discreto, e entendido,
Poeta melhor, que alguns,
douto como os meus vizinhos.
Chegando a esta cidade,
logo não fui nada disto:
porque o direito entre o torto
parece, que anda torcido.
Sou um herege, um asnote,
mau cristão, pior ministro,
mal entendido entre todos,
de nenhum bem entendido.
....

TEXTO 6

AO GOVERNADOR ANTÔNIO LUIZ

Sal, cal, e alho
caiam no teu maldito caralho. Amém.
O fogo de Sodoma e de Gomorra
em cinza te reduzam essa porra. Amém.
Tudo em fogo arda,
Tu, e teus filhos, e o Capitão da Guarda.

Antônio Luiz tinha fama de *gay* e de ser amante do capitão da guarda, provocando a sátira do "Boca do Inferno". Sodoma e Gomorra, mencionadas no *Gênesis*, primeiro livro da *Bíblia*, foram destruídas por fogo e enxofre que Deus fez cair do céu sobre elas. Assim, o poeta deseja que o sexo do governador seja destruído. O termo chulo "porra" foi empregado pelo poeta, como se usava em Portugal, no lugar de pênis, e não como líquido seminal, como se costuma utilizar no Brasil.

TEXTO 7 (Fragmentos)

INDO CERTO FRADE A CASA DE UMA MERETRIZ LHE PEDIU ESTA QUINZE MIL RÉIS DANTEMÃO PARA TIRAR UMAS ARGOLAS QUE TINHA EMPENHADAS.

Quinze mil-reis **dantemão**[35]
Cota a pedir-me se atreve,
o diabo a mim me leve,
se ela val mais que um tostão:
que outra fêmea de canhão,
por seis tostões, que lhe dei
toda a noite a **pespeguei**[36],
e a quem faz tal peditório
Borrório.[37]

Ora está galante o passo;
Menina, não me direis,
se vos deu quinze mil-réis,
quem vos tirou o cabaço?
fazeis de mim tão madraço,
que vos dê tanto dinheiro

35. Adiantado.
36. O termo não está no sentido normal, mas no de transar, fazer sexo, implicando uma certa violência e rudeza do ato.
37. O verso que se repete, idêntico, ao final de cada estrofe é denominado refrão ou estribilho. Vale a pena comentar que o termo do estribilho não aparece no dicionário. Podemos, porém, chegar a ele pela aproximação de borra, com que teria sido formado, que significa fezes, diarréia.

por um triste parrameiro,
que está junto ao cagatório?
Borrório.
....

Vindes a mui ruim mato,
Menina, fazer lenha,
que outra fêmea mais gamenha
mó fazia mais barato:
buscai outro melhor pato;
quereis depenar, a quem
a penas segura tem
a ração do refeitório?
Borrório.
....

TEXTO 8

AO CAPITÃO BENTO RABELLO MORADOR NA VILA DE S. FRANCISCO AMIGO DO POETA, QUE POR ESTAR TOTALMENTE DIVERTIDO COM O JOGO O NÃO FOI VISITAR; ELE O ADMOESTA, A QUE LARGUE O JOGO, E VÁ PARA A CAJAÍBA.

Pois me deixais pelo jogo,
licença me haveis de dar
para vos satirizar
como amigo.

Fará isso um inimigo,
deixares-me miserando,
por estar sempre beijando
o ás de copas.

Quando andáveis lá nas tropas
de tanta campanha armada,
jogáveis jogo de espada
ou da espadilha?

Quem vos meteu a potrilha,
para estares noite, e dia
na triste tafularia[38]
de um cruzado?

38.Jogatina, casa de jogo.

Não é melhor desenfado
passares à Cajaíba,
onde o jogo vos derriba
e escangalha?

É mau ver esta canalha
Clara, Bina, e Lourencinha,
a quem dizeis a gracinha
de soslaio?

É mau encaixar-lhe o paio
encostado aqui na torre,
e ela dizer-vos, que morre
de olho em alvo?

É mau meteres o calvo
entre tanta pentelheira,
e sair co'a cabeleira
encrespadinha?

Que mau é Mariquinha,
quando está com seus lundus
fazer-vos com quatro cus
o rebolado?

Quem vos chamar home honrado,
não tem honra, nem razão,
que vós sois um toleirão,
e um Pasguate.

Mas se deixais por remate
esse jogo, esse monturo
sois príncipe, que de juro
senhoreia.

Sois o Mecenas da veia
deste Poeta nefando,
que aqui vos está esperando
com jantar, merenda, e ceia.

Poema composto de quadras ou quartetos, constituídas por três versos de sete sílabas e um de três. Deve-se observar que a repetição anafórica da expressão "é mau", em diversas estrofes, encerra uma forte ironia. Assim, o poeta incita o amigo a deixar de lado os prazeres do jogo para usufruir das delícias do sexo, praticadas com Clara, Bina, Lourencinha e Mariquinha. O sexo sempre foi um assunto tabu em nossa literatura e nossas conversas diárias, o que nos leva a encontrar inúmeros artifícios para referir-se a órgãos ou ações sexuais. Por exemplo, no poema, pênis é designado por "paio", "calvo" e vagina aparece como "pentelheira" ou, como no poema anterior, "parrameiro".

Os principais temas da poesia de Gregório estão muito bem abordados na leitura complementar. Veja na página seguinte.

LEITURA COMPLEMENTAR

A BAHIA E SEUS PERSONAGENS

Após minucioso estudo da obra do poeta seiscentista, chegamos à seguinte conclusão aparentemente paradoxal: o primeiro romancista do Brasil foi um poeta.

Na verdade, através da massa enorme de versos de Gregório de Matos Guerra passamos a conhecer, num amplo repertório que com bastante exagero se poderá comparar – sob alguns aspectos – à *Comédia humana* de Balzac, a sociedade e a população inteira da Bahia colonial com seus costumes, suas paixões, suas fraquezas e seus vícios, enredada toda ela em comédias e romances sucintos mas nem por isso menos realistas, menos pitorescos. Retratos duma força extraordinária conquanto sintéticos, estereotipando personagens de todas as categorias, de todas as classes, desde o populacho até a administração e a clerezia, sempre nos impondo a visualização dos tipos tal como o faria um legítimo romancista.

O panorama é completo, não só da Bahia, do Recife, como até de outros lugares.

Em atmosferas mais ou menos análogas se situam e se movimentam personagens que encarnam o poder temporal e religioso, o dinheiro, a justiça, a autoridade, a sovinice, a agiotagem, a hipocrisia, a devassidão, o ódio, a virtude, a inveja, o despeito, a honradez, a servidão, a jogatina, a maldade, a fidalguia, a ralé, a pobreza, a rapacidade, o orgulho, o suborno, a ladroagem, a vingança, a felonia, a superstição, a ignorância, a feitiçaria, o vício, a imundície, a beleza, o amor sensual e o amor platônico. Nada falta. Mas nunca sob a forma alegórica ou simbólica. Antes, num enfoque direto, com autêntico realismo marcado pela violência vocabular.

Uns vivem atolados na ganância, passando fome para entesourar dinheiro, "vendendo gato por lebre", "em casa comendo baleia e na rua antojando manjares", comprando terra "com que fica um homem grande"; outros freqüentando quilombos e gastando boas patacas com feitiços e despachos dos "mestres do cachimbo", "todos jutilados em depenar tais patinhos"; outros afundados na lubricidade, mantendo seus serralhos nos próprios solares rurais; outros espionando os vizinhos, aperreando o próximo com maledicências, atazanando toda gente com denúncias, intrigas e aleivosias miúdas. Frades, padres e freiras são envolvidos em aventuras nada edificantes, às vezes até mesmo escatológicas, os frades principalmente." (**Teixeira**, Maria de Lourdes. *Gregório de Matos*.1977, SP: Melhoramentos, p.94)

EXERCÍCIOS

1. Leia atentamente o quarteto e assinale a melhor afirmativa a seu respeito.

"Anjo no nome, Angélica na cara!
Isso é ser flor, e Anjo juntamente:
Ser Angélica flor, e Anjo florente,
Em quem, senão em vós, se uniformara:"

a) o texto pode ser enquadrado no gênero lírico sacro;
b) trata-se de texto da vertente conceptista ou quevedista;
c) prevalecem nesses versos o jogo de palavras e a sensorialidade própria do cultismo ou gongorismo;
d) é a parte final de um soneto seiscentista;
e) os versos apresentam uma mulher dual, em que o espiritual (anjo) e o material (flor) se tornam um, revelando uma típica figura renascentista.

2. (FUVEST/85)

Leia o texto seguinte com atenção.

"A vós correndo vou, braços sagrados,
Nessa cruz sacrossanta descobertos;
Que para receber-me estais abertos,
E por não castigar-me estais cravados."

Assinale a alternativa que contenha o nome do poeta, do estilo de época correspondente e de uma característica desse estilo que esteja presente nos versos acima.

a) Gregório de Matos - Barroco - antítese.
b) Antônio Vieira - Seiscentismo - epizeuxe.
c) Cláudio Manuel da Costa - Setecentismo - bucolismo.
d) Camões - Quinhentismo - Racionalismo.
e) Gil Vicente - Humanismo - crítica de costumes.

3. Assinale a única afirmativa correta sobre Gregório de Matos.

a) Em sua poesia lírica de fundo religioso, um dos temas mais freqüentes é o do arrependimento.
b) Não se percebe em sua poesia satírica quaisquer protestos dotados de consciência crítica nativista.

c) Em suas sátiras procurou ridicularizar os portugueses, mas poupou os brasileiros, ou seja, os colonos.
d) Sua poesia lírica existencial capta o cotidiano da vida colonial na Bahia, impressionado pela exuberância tropical. Isso se revela numa linguagem chula e mestiça.
e) De uma forma geral, sua poesia evita os lugares comuns do barroco, sendo praticamente impossível encontrar em seus sonetos temas como a brevidade da vida e a fragilidade da beleza.

4. (PUCCAMP/88)

"Que falta nesta cidade? – Verdade.
Que mais por sua desonra? – Honra.
Falta mais que se lhe ponha? – Vergonha.

O demo a viver se exponha,
Por mais que a fama a exalta,
Numa cidade onde falta
Verdade, honra, vergonha."

Pode-se reconhecer nos versos acima, de Gregório de Matos:
a) o caráter de jogo verbal próprio do estilo barroco, a serviço de uma crítica, em tom de sátira, do perfil moral da cidade da Bahia.
b) o caráter de jogo verbal próprio da poesia religiosa do século XVI, sustentando piedosa lamentação pela falta de fé do gentio(índio).
c) o estilo pedagógico da poesia neoclássica, por meio da qual o poeta se investe das funções de um autêntico moralizador.
d) o caráter de jogo verbal próprio do estilo barroco, a serviço da expressão lírica do arrependimento do poeta pecador.
e) o estilo pedagógico da poesia neoclássica, sustentando em tom lírico as reflexões do poeta sobre o perfil moral da cidade da Bahia.

5. Leia:

"O todo sem a parte não é todo;
A parte sem o todo não é parte;
Mas se a parte o faz todo, sendo parte,
Não se diga que é parte, sendo todo.

Em todo o Sacramento está Deus todo,
E todo assiste inteiro em qualquer parte,
E feito em partes todo em toda a parte,
Em qualquer parte sempre fica todo.

O braço de Jesus não seja parte,
Pois que feito Jesus em partes todo,
Assiste cada parte em sua parte.

Não se sabendo parte deste todo,
Um braço que lhe acharam, sendo parte,
Nos diz as partes todas deste todo."

Assinale a afirmação correta sobre o soneto acima.

a) É um poema trovadoresco, pois apresenta emoção, cristianismo e fuga da realidade.
b) Pode ser caracterizado como neoclássico pela simplicidade léxica e preferência pela ordem direta.
c) A temática religiosa, o gosto pelo jogo (ludicidade), a tentativa de fusão do aspecto racional (lógica) com o emocional (fé), indicam que se trata de obra da estética barroca.
d) Não há exploração sistemática das possibilidades fonéticas do idioma, como por exemplo a aliteração.
e) Pode ser considerado como um perfeito exemplo de soneto clássico pela recuperação da religiosidade medieval.

6. (VUNESP) Leia atentamente.

"Ardor em firme coração nascido;
Pranto por belos olhos derramado;
Incêndio em mares de água disfarçado;
Rio de neve em fogo convertido:

Tu, que em um peito abrasas escondido;
Tu, que em um rosto corres desatado;
Quando fogo, em cristais aprisionado;
Quando cristal, em chamas derretido."

O texto pertence a Gregório de Matos e apresenta todas as características seguintes:

a) trocadilhos, predomínio de metonímias e de símiles, a dualidade temática da sensualidade e do refreamento, antíteses claras dispostas em ordem indireta.
b) sintaxe segundo a ordem lógica do classicismo que o autor procurava imitar, predomínio das metáforas e das antíteses, temática da fugacidade do tempo e da vida.
c) dualidade temática da sensualidade e do refreamento, construção sintática por simetrias sucessivas, predomínio figurativo das metáforas e pares antitéticos que tendem para o paradoxo.
d) temática naturalista, assimetria total de construção, ordem direta predominando sobre a ordem inversa, imagens que prenunciam o Romantismo.
e) versificação clássica, temática neoclássica, sintaxe preciosista evidente no uso das sínqueses, dos anacolutos e das alegorias, construção assimétrica.

7. (FUVEST/93) A poesia lírica de Gregório de Matos subdivide-se em amorosa e religiosa.
a) Quais sãos os dois modos contrastantes de ver a mulher, em sua lírica amorosa?
b) Como aparecem em sua lírica religiosa a idéia de Deus e do pecado?

8. Verifique se a seguinte frase contém erro. Nesse caso, corrija-a e explique o erro.
"*A obra de Gregório de Matos apresenta unicamente a sátira mordaz e a lírica amorosa.*"

9. Que figura de pensamento pode ser encontrada no derradeiro verso do terceto transcrito abaixo?

"*Oh não aguardes que a madura idade*
Te converta essa flor, essa beleza,
em terra, em cinza, em pó, em sombra, em nada."

10. No mesmo terceto, o segundo verso apresenta um tropo ou figura de palavras. Diga qual é e explique.

RESPOSTAS

1. C
2. A
3. A
4. A
5. C
6. C
7.

a) A mullher pode ser vista como pura, santa, um anjo, mas também pode surgir como tentação carnal, que pode levar ao pecado e à perdição.

b) Deus é severo e todo poderoso, mas também dotado de infinito amor e bondade, sempre pronto a perdoar e salvar o pecador. O pecado é o elemento marginalizador e destruidor da felicidade eterna que o homem ambiciona. O pecado é que afasta o homem de Deus e o conduz ao inferno, sendo por isso necessário o arrependimento e a procura do perdão.

8. "*A obra de Gregório de Matos apresenta principalmente a sátira mordaz, a lírica amorosa e a lírica religiosa.*" A poesa de Gregório além dos tipos mencionados apresenta ainda textos que podem ser classificados como graciosos, sátira política, sátira pornográfica ou fescenina e a lírica reflexiva.

9. Gradação ou clímax, que se caracteriza pelo emprego seqüencial de palavras que intensificam uma mesma idéia, no caso o aumento da decomposição ou degradação da carne em conseqüência da morte.

10. Trata-se da metáfora, pois o termo "*flor*" substitui juventude, beleza, em virtude de certa semelhança entre os elementos. A flor, assim como a juventude ou a beleza, dura pouco, é efêmera.

BIBLIOGRAFIA

Teixeira, Maria de Lourdes. *Gregório de Matos.*1977, SP: Melhoramentos.
Guerra, Gregório de Matos. *Obra poética.* 1990, SP: Record.
Guimarães, Hélio de Seixas; **Lessa**, Ana Cecília. *Figuras de linguagem.* 1988, SP: Atual.
Moisés, Massaud. *Dicionário de termos literários.* 1995, SP: Cultrix.
Rodrigues, A. Medina e outros. *Antologia da literatura brasileira.* 1979, SP: Marco Editorial.

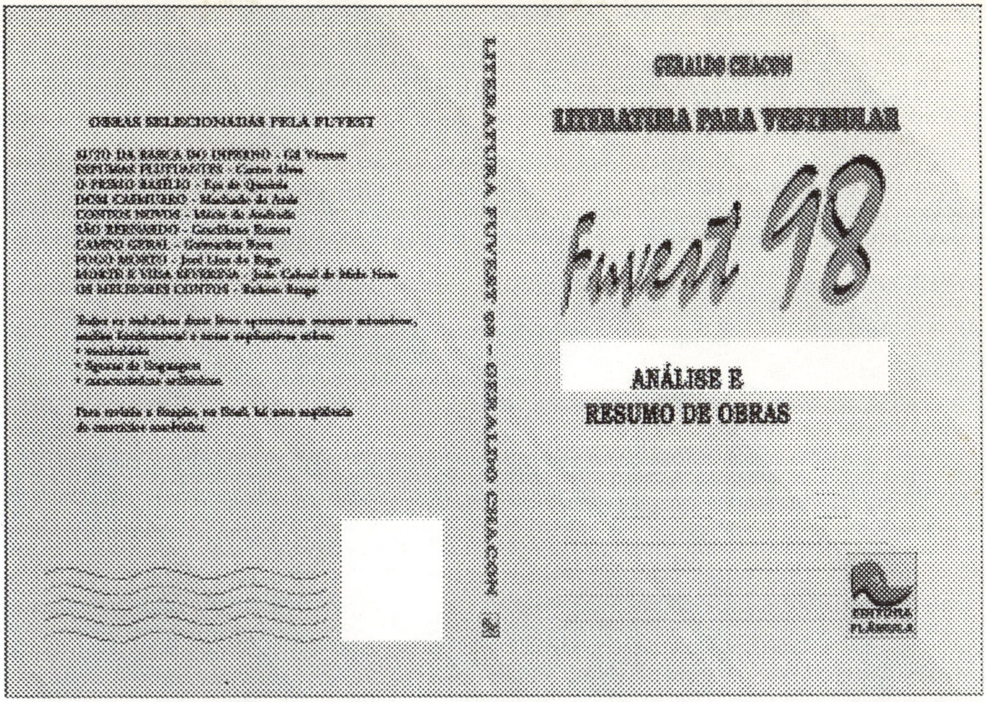
GERALDO CHACON
LITERATURA PARA VESTIBULAR
Fuvest 98
ANÁLISE E
RESUMO DE OBRAS
OBRAS SELECIONADAS PELA FUVEST

GERALDO CHACON
LITERATURA PARA VESTIBULAR
UNICAMP
ANÁLISE E
RESUMO DE OBRAS